Bildnachweis:
Cover & Foodfotografie: Peter Barci
Schnappschüsse aus der Küche & Autorenfoto: Reinhard Haberfellner

ISBN 978-3-7088-0695-2

Copyright Kneipp-Verlag GmbH und Co KG
A-1010 Wien, Lobkowitzplatz 1
www.kneippverlag.com

Autorin: Elisabeth Fischer
Lektorat: Motto Verlagsservice
Cover: Oskar Kubinecz
Grafik: Oskar Kubinecz
Druck und Bindung: Finidr, Český Těšín

Printed in the EU
1. Auflage, Januar 2017

Alle Inhalte sind urheberrechtlich geschützt.

Elisabeth Fischer

BOWLs
Alles aus einer Schüssel

Heilsames Basenfasten
Schmeckt gut und macht schlank

kneipp verlag
WIEN

Inhalt

Vorwort — 6

Einleitung — 8
Heilsames Basenfasten auf einen Blick — 8
Mit veganen Basen-Bowls zum Wunschgewicht — 9
Heilsames Basenfasten mit Bowls – Woche 1 — 10
Heilsames Basenfasten mit Bowls – Woche 2 — 11

Frühstück · Overnight-Oats · Smoothie-Bowls — 13
Am Morgen ein gutes Bauchgefühl — 20
Nach dem Aufstehen keinen Appetit? — 21

Salate – auch zum Mitnehmen — 32
Da kommt Freude auf — 38

Suppen und Eintöpfe — 57
Ideale Fastenspeisen — 62

Gemüse- und Kartoffelgerichte · One-Pot-Rezepte — 81
Einfachheit ist Trumpf — 84

Süßes ohne Zucker — 111
Süßes neu entdecken — 116

Rezeptregister — 128

Vorwort

**LIEBE LESERINNEN,
LIEBE LESER!**

Mit meinem neuen Buch möchte ich Ihnen Appetit aufs Abnehmen machen. Schlank werden und genießen passen wunderbar zusammen, das haben mir viele bestätigt, die mit dem Heilsamen Basenfasten lästige Kilos losgeworden sind und sich dabei wohlgefühlt haben. Genauso wichtig wie der gute Geschmack ist jedoch, dass die Rezepte schnell und einfach zubereitet und die Zutaten dafür leicht erhältlich sind, dass also das Abnehmprogramm wirklich alltagstauglich ist. Mit weniger Arbeit noch besser essen, war darum meine Devise bei der Rezeptentwicklung für dieses Buch.

SCHLANK WERDEN MIT VOLLEN SCHÜSSELN
Weil es gut schmeckt und lecker aussieht, werden die neuen basischen Speisen portionsweise in einer großen Schüssel, der mittlerweile auch bei uns so beliebten Bowl serviert. Diese ist üppig gefüllt und hat trotzdem nur 300 Kalorien. So viel Essen und so wenige Kalorien! Nicht nur meine TestesserInnen waren davon sehr angetan, auch ich habe davon profitiert, denn ich habe mir im Urlaub ganz unbekümmert drei Kilos angefuttert. Ich wusste, danach beginnt die Rezeptentwicklung für dieses Buch. Jetzt ist es fertig, die neuen Rezepte sind gegessen, ich habe wieder mein Vorurlaubsgewicht und kann mich nicht erinnern, dafür gehungert zu haben.

ALLES AUS EINEM TOPF – ONE-POT-REZEPTE
Auch mit den Kochmethoden habe ich mich intensiv beschäftigt. Die Gerichte sollten noch einfacher und mit noch weniger Arbeitsaufwand zubereitet werden. Wobei ich dabei nicht nur an das Kochen, sondern auch an das Abwaschen und Aufräumen gedacht habe. Also habe ich mich bemüht, dass jeweils nur ein Kochgeschirr zum Einsatz kommt: ein Topf, eine Pfanne oder ein Backblech. Ich habe für manche Rezepte sogar nur Bratfolie oder Backpapier verwendet, sodass überhaupt nicht abgewaschen werden muss. Trotzdem werden Sie häufig nicht nur eine Speise genießen, wenn beispielsweise Kürbis, Tomaten, Apfel und Zwiebeln gemeinsam im Ofen gebraten werden. Dann gibt es zum einen die knusprigen Kürbisspalten, zum anderen eine fein gemixte Sauce aus Tomaten, Apfel und Zwiebeln und beides harmoniert perfekt.

VEGAN UND BASISCH
Eines haben alle Rezepte in diesem Buch gemeinsam: Sie sind vegan, basisch und mit wenig Fett zubereitet. Diese Kombination ist der Schlüssel oder besser gesagt die Schüssel zum Abnehmerfolg.

BLEIBEN SIE SCHLANK!
Ich hoffe sehr, dass Ihnen das Heilsame Basenfasten auch Lust auf eine Änderung der Essgewohnheiten macht. Denn das ist der einzige Weg, um dauerhaft schlank zu bleiben. Zahlreiche LeserInnen haben mir begeistert geschrieben, dass sie die basischen Rezepte nach dem Fasten regelmäßig genießen, damit dem Jo-Jo-Effekt entkommen und ihr Gewicht halten. Dem kann ich nur zustimmen, ich mache das seit Jahren genauso, esse zum Beispiel zum Frühstück oft Porridge, abends eine Suppe und fühle mich dabei bestens.

Ihre

PS.: Die bunten Schüsseln auf den Fotos habe ich im Lauf der Zeit gesammelt. Das kann sich zu einer richtigen Passion entwickeln!

HEILSAMES BASENFASTEN AUF EINEN BLICK
In einer Woche zwei bis drei Kilos abnehmen, dabei viele frisch zubereitete Speisen genießen

SATT ESSEN MIT BASENBILDENDEN NATURPRODUKTEN
Heilsames Basenfasten funktioniert ganz einfach: Sie wählen die richtigen Lebensmittel bewusst aus und kochen damit nach Herzenslust. Stark basenbildende Lebensmittel sind: Gemüse, Kräuter, Kartoffeln und Früchte, schwach basenbildend Sojaprodukte und Haselnüsse.

DER ORGANISMUS KOMMT IN DIE SÄURE-BASEN-BALANCE
Die gezielte Lebensmittelauswahl stoppt die Übersäuerung. Gemüse, Früchte, Kräuter und Kartoffeln sind Toplieferanten für basenbildende Mineralstoffe wie Eisen, Kalzium, Kalium, Kupfer und Magnesium. Diese neutralisieren überschüssige Säuren im Blut. Gemüse, Kräuter, Früchte und Kartoffeln sind dazu die beste Quelle für Vitamine und auch diese Vitalstoffe sind wesentlich an der Entsorgung überschüssiger Säuren aus dem ganzen Körper beteiligt*.

FASTEN BEI DEN SÄUREBILDENDEN LEBENSMITTELN
Fleisch, Fisch, Milch- und Weißmehlprodukte wirken stark säurebildend und werden deshalb vom Speiseplan gestrichen. Schwach säurebildend sind Hülsenfrüchte, Nüsse, Samen und Vollkorngetreide. Beim Heilsamen Basenfasten werden die wertvollen pflanzlichen Naturprodukte in kleinen Mengen verwendet. Ihre äußerst geringe Säurelast wird durch die großen Portionen basischer Lebensmittel mehr als ausgeglichen.

* Literaturtipp: GOEDECKE Dr. Thomas, VORMANN Prof. Dr. Jürgen: Chronisch übersäuert? Fonamed Verlag

DIE FETTVERBRENNUNG WIRD ANGEKURBELT
Mit ihrem hohen Gehalt an Mineralstoffen und Vitaminen bringen Gemüse, Früchte, Kräuter und Kartoffeln den Stoffwechsel und damit auch die Fettverbrennung auf Hochtouren. Ein weiteres Plus: Die Basenrezepte versorgen vom Frühstück bis zum Abendessen mit reichlich Vitamin C, dem stärksten aller Fatburner.

KEIN ZUCKER, TROTZDEM SÜSSER GESCHMACK
Zucker gefährdet das Abnehmen, führt zu extremen Schwankungen des Blutzuckerspiegels, steigert die Ausschüttung von Insulin, dem Hormon für den Fetteinbau, und ruft Heißhungerattacken hervor. Meine Basen-Rezepte sind nur mit frischen Früchten und Trockenfrüchten zubereitet, deren natürliche Süße verstärken Zimt, Vanille und Kardamom. Fastengetränke wie Zitronenwasser und Kräutertees stillen den Durst auch ungesüßt.

FETT NUR LÖFFELCHENWEISE
Weniger bringt mehr: Das Öl zum Kochen wird genau dosiert und sparsam verwendet. Gemüse, Kräuter, Kartoffeln und Früchte punkten mit sehr wenig Kalorien. Werden diese Naturprodukte fettarm zubereitet, sind die Portionen darum recht üppig und sättigend.
Als Faustregel gilt:
Man nehme für eine 300-Kalorien-Basen-Bowl ½ EL Öl, 400 g Gemüse und 200 g Kartoffeln.

SODBRENNEN – KEIN ZEICHEN FÜR ÜBERSÄUERUNG DES ORGANISMUS
Beim Sodbrennen steigt Magensäure in die Speiseröhre auf. Ein Zuviel an Magensäure kann durch zu schnelles Essen, Stress, zu viel Alkohol oder durch Nikotin verursacht werden. Suchen Sie einen Arzt auf, wenn Sie öfters Magenschmerzen oder Sodbrennen haben.

MIT VEGANEN BASEN-BOWLS ZUM WUNSCHGEWICHT
Das Erfolgsrezept: 3 x 300 Kalorien

ABNEHMEN LEICHT GEMACHT

Sie genießen dreimal am Tag eine Basen-Bowl, eine gut gefüllte große Schüssel mit nur 300 Kalorien. Die Rezepte dafür sind unkompliziert und schnell fertig. Das Besondere daran: Für die Zubereitung brauchen Sie jeweils nur eine Schüssel, einen Topf, ein Backblech oder eine Bratfolie. So sparen Sie nicht nur beim Kochen, sondern auch beim Abspülen und Aufräumen viel Zeit. Beim Probekochen für dieses Buch war das eine sehr erfreuliche Erfahrung.

KÖSTLICHE BASEN-BOWLS FÜR MORGENS, MITTAGS UND ABENDS

Damit Sie fit in den Tag starten, gibt es zum Frühstück fruchtige Smoothie-Bowls, Müsli oder Porridge. Mittags wird die große Schüssel mit saftigem Salat oder einem herzhaften Gemüse-Kartoffel-Gericht gefüllt, abends mit wärmenden Suppen. Selbstverständlich können Sie den Speiseplan auch im Einklang mit Ihrem Tagesablauf gestalten, die Suppe einpacken und zur Arbeit mitnehmen, das Gemüse-Kartoffel-Gericht zum Abendessen verspeisen. Die Portionen sind üppig, wenn Sie also zum Frühstück nur wenig essen können, dann füllen Sie das restliche Müsli in ein Glas und genießen es als Vormittags- oder Nachmittagssnack.

Heilsames Basenfasten mit Bowls – Woche 1
Mit 900 Kalorien pro Tag

FRÜHSTÜCK MIT 300 KALORIEN
Täglich ein Frühstücksrezept (ab S. 13):
Müsli, Smoothie-Bowl oder Porridge

ZWEI HAUPTMAHLZEITEN MIT JE 300 KALORIEN
Ob Sie Suppe, Salat, Gemüsegericht oder das fruchtig-süße Hauptgericht mittags oder abends essen, bestimmen Sie selbst im Einklang mit Ihrem Tagesablauf.

Tag 1

- Brokkoli-Lauch-Petersilien-Suppe mit Nuss (S. 68)
- Grüner Spargel aus dem Päckchen (S. 82) mit Aprikosen-Karotten-Topping (S. 82) und Kartoffelrösti (S. 107)

Tag 2

- Karotten-Kartoffel-Suppe mit Röstaromen (S. 65)
- Salat mit Tomaten, Paprika, Pilzen, Kartoffeln und Gurken-Kapern-Dressing (S. 54)

Tag 3

- Alles-Sommer-Suppe mit Zucchini, grünen Bohnen, Tomaten (S. 58) dazu Basilikum-Cashew-Dip (S. 58)
- Blumenkohl im Kartoffelbett (S. 89) mit Rote-Bete-Radicchio-Sprossen-Topping (S. 89)

Tag 4

- Frühlingssuppe mit Spargel und Spinat (S. 66) mit Pilztopping (S. 68)
- Zimt-Karotten aus dem Ofen mit Apfel-Ingwer-Sauce (S. 122)

Tag 5

- Rote-Bete-Suppe mit Cranberrys (S. 74), Karotten-Zitronen-Dip und Sprossen-Topping (S. 74)
- Cremige Pilz-Kartoffeln (S. 104) mit Radieschen-Rucola-Topping (S. 104)

Tag 6

- Asia-Herbstsuppe mit Kürbis und Sprossen (S. 70) mit Paprika-Croûtons (S. 70)
- Kartoffelsalat mit Tomaten-Karotten-Pastinaken-Salsa (S. 45)

Tag 7

- Suppe mit allen Gemüseresten nach dem Grundrezept von Seite 62
- Spanischer Schmortopf mit grünen Bohnen und Tomaten (S. 97)

WIE LANGE DAUERT DAS HEILSAME BASENFASTEN?
In einer Woche nehmen Sie zwei bis vier Kilos ab. Da Sie mit Nähr- und Vitalstoffen gut versorgt sind, können Sie auch eine zweite Woche anhängen oder Sie lassen ein paar Wochen verstreichen und machen dann die zweite Woche zur Auffrischung.

HEILSAMES BASENFASTEN FLEXIBEL GESTALTEN
Selbstverständlich müssen Sie sich nicht strikt an die vorgeschlagenen Wochenpläne halten. Sie können Rezepte austauschen, zweimal das Gleiche essen oder sich individuelle Tagespläne mit den Rezepten zusammenstellen, die Sie am meisten anlachen. Hauptsache, Sie bleiben bei 3 x 300 Kalorien Basen-Bowls pro Tag.

Heilsames Basenfasten mit Bowls – Woche 2
Mit 900 Kalorien pro Tag

FRÜHSTÜCK MIT 300 KALORIEN
Täglich ein Frühstücksrezept (ab S. 13):
Müsli, Smoothie-Bowl oder Porridge

ZWEI HAUPTMAHLZEITEN MIT JE 300 KALORIEN
Ob Sie Suppe, Salat, Gemüsegericht oder das fruchtig-süße Hauptgericht mittags oder abends essen, bestimmen Sie selbst im Einklang mit Ihrem Tagesablauf.

Tag 1

- Pilz-Frühlingszwiebel-Suppe mit Basilikum (S. 73) mit Sprossen-Topping (S. 73) und Räuchertofu-Topping mit Sesam (S. 73)
- Bratkohlrabi und Kartoffelpüree aus dem Römertopf (S. 96) dazu Apfel-Trauben-Salsa (S. 96)

Tag 2

- Karotten-Tomaten-Pastinaken-Suppe (S. 61) mit Räuchertofu-Topping mit Sesam (S. 73)
- Spinatsalat mit Spargel und Tomatendressing (S. 34) dazu Knusperkartoffeln (S. 34)

Tag 3

- Kokoswürzige Selleriesuppe (S. 72) mit Sprossen-Topping (S. 73)
- Gebratene Bananen mit Erdbeersauce (S. 115)

Tag 4

- Blumenkohl-Kürbis-Suppe mit Vanille (S. 77)
- Gebratene Karotten mit Paprikasauce (S. 102), Ofenkartoffeln (S. 102) und Tomaten-Sellerie-Topping (S. 103)

Tag 5

- Kohlrabisuppe mit Steinpilzen (S. 60)
- Asia-Sprossen-Salat mit Gurken, Karotten und Radieschen (S. 42), dazu Pommes vom Fett befreit (S. 42)

Tag 6

- Brokkoli-Topinambur-Suppe (S. 76) mit Tomaten-Minze-Topping mit Chia (S. 76) und Karotten-Zitronen-Dip (S. 74)
- Pilztopf mit Paprika und Fenchel (S. 88)

Tag 7

- Suppe mit allen Gemüseresten nach dem Grundrezept von Seite 62
- Orientalische Rote-Bete-Kartoffel-Pfanne (S. 108) mit Fenchel-Orangen-Endivien-Topping mit Granatapfel (S. 108)

VIEL TRINKEN
1,5 bis 2 l Wasser, Mineralwasser ohne Kohlensäure und ungesüßte Kräutertees. Auch öfters ungesüßtes Zitronenwasser – das heizt die Fettverbrennung an.

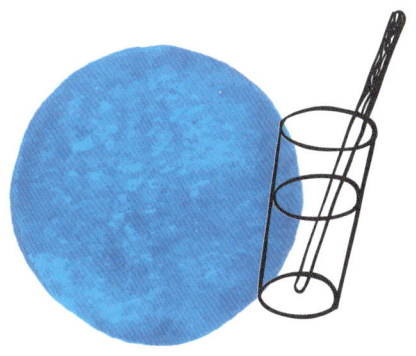

Frühstück, Overnight-oats,

Smoothie-Bowls

Frühstück, Overnight-Oats, Smoothie-Bowls

Smoothie-Bowl mit Trauben, Erd- und Heidelbeeren

Für 2 Portionen

40 g	Haferflocken
100 ml	Wasser
300 ml	Hafer-, Mandel- oder Sojadrink, ungesüßt
1 Stk.	Banane, Stücke
300 g	Erdbeeren, kleine Stücke
½ TL	Bourbonvanille, gemahlen
100 g	Trauben, halbiert
100 g	Heidelbeeren
1 TL	Chiasamen, geröstet

1. Am Abend die Haferflocken mit 100 ml Wasser vermischen, zudecken, kalt stellen und über Nacht quellen lassen.
2. Am Morgen die eingeweichten Haferflocken, Einweichflüssigkeit, Haferdrink, Bananen, 200 g Erdbeeren und Vanille mit dem Mixstab fein pürieren.
3. Smoothie-Bowl portionsweise anrichten, mit den restlichen Erdbeeren, Trauben, Heidelbeeren und Chiasamen bestreuen.

Pro Portion 304 kcal, 12 g E, 8 g F, 13 g KH, 0 mg Chol

Einpacken, mitnehmen! Sollten Sie die Smoothie-Bowl zur Arbeit mitnehmen wollen, können Sie die Früchte zum Bestreuen separat einpacken.

Smoothie-Bowl mit zweierlei Aprikosen und Himbeeren

Für 2 Portionen

40 g	Softaprikosen, Stücke
50 g	Hafer-, Reis- oder Hirseflocken
1 TL	Leinsamen, geschrotet
200 ml	Wasser
150 g	Sojajoghurt, ungesüßt
½ Stk.	Banane, Stücke
100 ml	Orangensaft
½ TL	Zimt, gemahlen
150 g	Aprikosen, kleine Stücke
100 g	(TK-)Himbeeren

1. Am Vorabend Softaprikosen, Haferflocken und Leinsamen mit 200 ml Wasser vermischen, zudecken, kalt stellen und über Nacht quellen lassen.
2. Am Morgen Softaprikosen, Haferflocken, Leinsamen, Einweichflüssigkeit, Sojajoghurt, Banane, Orangensaft und Zimt mit dem Mixstab fein pürieren.
3. Smoothie-Bowl portionsweise anrichten, mit Aprikosen und Himbeeren bestreuen.

Pro Portion 295 kcal, 10 g E, 5 g F, 49 g KH, 0 mg Chol

Smoothie-Bowl *mit Melonen und Beeren*

Für 2 Portionen

30 g	getrocknete Softfeigen, kleine Stücke
50 g	Hafer-, Reis- oder Hirseflocken
200 ml	Wasser
400 g	Zuckermelone, kleine Stücke
150 ml	Mandel-, Soja- oder Haferdrink, ungesüßt
1 TL	Zitronensaft
½ TL	Zimt, gemahlen
¼ TL	Bourbonvanille, gemahlen
200 g	Beeren (Himbeeren, Blaubeeren, Brombeeren, Johannisbeeren)
1 TL	Haselnüsse, gehackt

1. Am Vorabend getrocknete Feigen und Haferflocken mit 200 ml Wasser vermischen, zudecken, kalt stellen und über Nacht quellen lassen.
2. Am Morgen getrocknete Feigen, Haferflocken, Einweichflüssigkeit, 300 g Melone, Mandeldrink, Zitronensaft, Zimt und Vanille mit dem Mixstab oder im Mixglas fein pürieren.
3. Smoothie-Bowl portionsweise anrichten, mit den restlichen Melonen, Beeren und Haselnüssen bestreuen.

Pro Portion 284 kcal, 9 g E, 6 g F, 47 g KH, 0 mg Chol

Smoothie-Bowl *mit Birnen und Orangen*

Für 2 Portionen

40 g	Hafer-, Reis- oder Hirseflocken
40 g	Rosinen, gehackt
200 ml	Wasser
150 ml	Orangensaft
150 ml	Karottensaft
2 Stk.	saftige, süße Birnen, kleine Stücke
1 EL	Cashewmus (oder Cashewnüsse, gehackt)
½ TL	Zimt, gemahlen
¼ TL	Bourbonvanille, gemahlen
2 TL	Haselnüsse, gehackt

1. Am Vorabend Haferflocken und Rosinen mit 200 ml Wasser vermischen, zudecken, kalt stellen und über Nacht quellen lassen.
2. Am Morgen Haferflocken, Rosinen, Einweichflüssigkeit, Orangen- und Karottensaft, die Hälfte der Birnen, Cashewmus, Zimt und Vanille mit dem Mixstab oder im Mixglas fein pürieren.
3. Smoothie-Bowl portionsweise anrichten, mit den restlichen Birnen und Haselnüssen bestreuen.

Pro Portion 297 kcal, 6 g E, 6 g F, 52 g KH, 0 mg Chol

Frühstück, Overnight-Oats, Smoothie-Bowls

Smoothie-Bowl mit Mango, Mandarinen, Datteln und Granatapfel

Für 2 Portionen

30 g	getrocknete Datteln, Stücke
50 g	Hafer-, Reis- oder Hirseflocken
1 TL	Leinsamen, geschrotet
200 ml	Wasser
100 ml	Mandarinensaft
150 g	Sojajoghurt, ungesüßt
1 EL	Cashewmus (oder Cashewnüsse, gehackt)
½ TL	Zimt, gemahlen
3 Stk.	Kardamomkapseln, Samen zerstoßen
1 Stk.	reife Mango, kleine Stücke
1 Stk.	Mandarine, Stücke
4 EL	Granatapfelkerne

1. Am Vorabend Datteln, Haferflocken und Leinsamen mit 200 ml Wasser vermischen, zudecken, kalt stellen und über Nacht quellen lassen.
2. Am Morgen Datteln, Haferflocken, Leinsamen, Einweichflüssigkeit, Mandarinensaft, Sojajoghurt, Cashewmus, Zimt, Kardamom und die Hälfte der Mango mit dem Mixstab oder im Mixglas fein pürieren.
3. Smoothie-Bowl portionsweise anrichten, mit den restlichen Mangos, Mandarinen und Granatapfelkernen bestreuen.

Pro Portion 300 kcal, 8 g E, 7 g F, 49 g KH, 0 mg Chol

300 KALORIEN BOWL

Frühstück, Overnight-Oats, Smoothie-Bowls

Overnight-Oats *mit Frucht und Nuss*

Für 2 Portionen

60 g	Haferflocken (Reis-, Fünfkornflocken)
1 TL	Rosinen, gehackt
150 ml	Soja- oder Mandeldrink, ungesüßt
200 g	Sojajoghurt, natur
1 Stk.	Apfel, grob geraspelt
½ Stk.	Orange, kleine Stücke
1 EL	Nüsse, gehackt

1. Am Vorabend Haferflocken und Rosinen mit dem Sojadrink vermischen, zudecken, über Nacht kalt stellen.
2. Am Morgen Haferflocken, Rosinen und Einweichflüssigkeit mit Sojajoghurt und Apfel gut verrühren. Orange und Nüsse untermischen

Pro Portion 296 kcal, 11 g E, 9 g F, 41 g KH, 0 mg Chol

Müsli oder Overnight-Oats haben immer Saison

Unser bewährtes und beliebtes Müsli wird jetzt gerne als Overnight-Oats bezeichnet und das mit gutem Grund. Denn richtig gut – sowohl von der Bekömmlichkeit als auch vom Geschmack her – wird das Müsli erst, wenn die Flocken dafür über Nacht eingeweicht werden. Ausgenommen von dieser Behandlung sind die knusprig leichten Getreide-Popps, z.B. Quinoa- oder Amaranth-Popps. Sie werden erst unmittelbar vor dem Essen mit den restlichen, saftigen Zutaten vermischt.

Mit dem oben stehenden Grundrezept können Sie Ihr Flocken-Müsli im Einklang mit der Jahreszeit genießen. Wichtig für den optimalen Genuss ist allerdings, dass immer geraspelte Äpfel oder Birnen unter diese angenehme Frühstücksspeise gemischt werden. Alle anderen Früchte oder Beeren variieren je nach Marktlage: Saftige Pfirsiche, Aprikosen, Melonen, Erdbeeren und Brombeeren im Sommer; Mango, Sharonfrucht, Mandarinen und Ananas im Winter. Auch die Trockenfrüchte und Nüsse werden je nach Vorratslage variiert. Zimt, Vanille und zerstoßene Kardamomsamen geben dem Müsli den besonderen Pfiff.

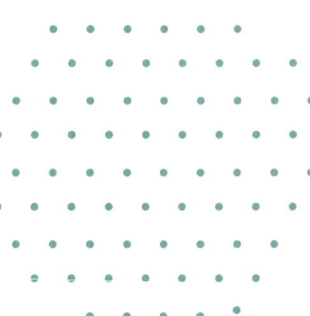

Frühstück, Overnight-Oats, Smoothie-Bowls

Weichen Sie Ihre Getreideflocken über Nacht ein ...

... das macht Ihr Müsli super saftig!

AM MORGEN EIN GUTES BAUCHGEFÜHL

Nutzen Sie die Chance und konzentrieren Sie sich auf Ihr Wohlbefinden. Dazu gehört auch, dass jeden Morgen ein angenehm sättigendes Frühstück aufgetischt wird. Ob das nun die schnell gemixte Smoothie-Bowl, ein Müsli oder das einfach zubereitete Porridge ist – eines haben die basischen Frühstücksrezepte gemeinsam: Sie sind eine ausgewogene Mischung aus Früchten und Beeren der Saison, Trockenfrüchten, Pflanzenmilch, Vollkorngetreide und Nüssen.

SCHWUNGVOLL IN DEN TAG

Hafer-, Dinkelflocken und Reisflocken oder Quinoa: Schon eine kleine Portion Vollkorngetreide liefert die guten, da langsam zu verdauenden Kohlenhydrate. Diese sättigen bis zum Mittagessen, verhindern Heißhungerattacken und bringen frische Energie. Dazu ist Vollkorngetreide reich an nervenstärkenden und hautschützenden B-Vitaminen sowie Ballaststoffen, die die Verdauung sanft anregen. Ganz wichtig: Vollkorngetreide – ob Flocken oder geschrotete Körner – immer am Abend vorher einweichen. Gequollenes Getreide ist leicht verdaulich, schmeckt besser und hat, soll daraus Porridge gekocht werden, auch eine kürzere Garzeit. Ich liebe warme Getreidespeisen. Sie schmeicheln dem Magen und geben mir das Gefühl, richtig gut versorgt zu sein, nicht nur beim Heilsamen Basenfasten.

PFLANZENMILCH NUR ZUCKERFREI

Mittlerweile gibt es im Supermarkt und in Naturkostgeschäften eine Auswahl an fertig abgepackter Pflanzenmilch. Allerdings muss diese laut Lebensmittelverordnung als „Drink" bezeichnet werden. Ob Hafer-, Mandel-, Reis- oder Sojadrink, die Rezepte gelingen mit jedem Produkt. Sie sollten jedoch beachten: die Pflanzenmilch muss zuckerfrei sein.
Bedenken Sie bei Ihrer Wahl auch, dass Sojadrink wertvolle Isoflavone enthält. Diese natürlichen pflanzlichen Hormone schützen vor Herz-Kreislauf-Erkrankungen, halten die Haut jung und sorgen für dichtes, festes Haar und können Wechselbeschwerden mildern oder zum Verschwinden bringen. Achten Sie darauf, dass der Sojadrink aus Bio-Sojabohnen hergestellt ist.

30 SEKUNDEN-REZEPT FÜR MANDELMILCH

Für 1 l

1 l kaltes Wasser
60 g Mandelmus, 100 % rein

Mit dem Mixstab oder im Mixglas aus Wasser und Mandelmus einen glatten, schneeweißen Drink mixen.

Nach diesem Blitz-Rezept auch Cashewnuss-, Haselnuss oder sonstige Nussmilch herstellen. Eine einfache Anleitung zur Herstellung von Sojamilch finden Sie auf meiner website:
www.elisabeth-fischer.com

NACH DEM AUFSTEHEN KEINEN APPETIT?
Nehmen Sie einfach das Frühstück im Glas mit – als Snack!

PIKANTES FRÜHSTÜCK, GUTEN APPETIT!

Immer beliebter und ganz nach asiatischem Vorbild werden pikante Frühstückssuppen. Sie können jedes Rezept aus dem Suppenkapitel schon am Morgen genießen. Milde, cremige Gemüsesuppen sind besonders angenehm, wie z.B. die Blumenkohl-Kürbis-Suppe mit Vanille (S. 77). Und so sparen Sie Zeit: Kochen Sie am Vorabend eine doppelte Portion Suppe. Dann gibt es ein warmes Frühstück und die Suppe für das nächste Abendessen steht schon im Kühlschrank bereit.

KRÄUTERTEE BEVORZUGEN

Trinken Sie zum Frühstück, tagsüber oder abends statt Kaffee, grünem und schwarzem Tee reichlich ungesüßte Kräutertees. Wenn Sie vorübergehend auf die koffein- und teeinhaltigen Getränke verzichten, wird die belebende Wirkung des Heilsamen Basenfastens noch spürbarer. Vielleicht fühlen Sie sich an den ersten kaffee- und teefreien Tagen etwas müde. Aber bereits nach kurzer Zeit können Sie erleben, wie die basische Ernährung neue Energien freisetzt.

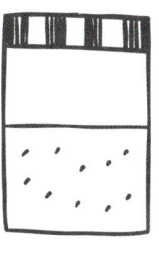

SÄURE-BASEN-GLEICHGEWICHT SICHERN

Damit alle Stoffwechselvorgänge reibungslos ablaufen, brauchen wir ein konstantes Verhältnis von Säuren und Basen im Blut. Gemessen wird dieses mit dem ph-Wert.

Unser Blut-ph-Wert liegt im basischen Bereich, schwankt nur minimal zwischen pH 7,36 und pH 7,44. Die Regulationssysteme der Leber, der Niere und der Lunge sichern diese engen Grenzen. Unterstützung bekommen sie dabei von den Puffersystemen von Blut und Bindegewebe. Azidosen oder Alkalosen, gefährliche Entgleisungen des ph-Werts in den sauren oder basischen Bereich, ereignen sich darum nur bei schwersten Krankheiten.

Wird jedoch einseitig gegessen, werden also zu viel tierisches Eiweiß, Weißmehlprodukte, Fastfood, Süßigkeiten und Limo-Getränke konsumiert, entsteht ein starker Säureüberschuss, und unsere Regulationssysteme können diesen nicht mehr ausgleichen. Diese Stresssituation bezeichnet man als (latente) Übersäuerung. Um das Leben zu sichern, muss der Organismus nun die Notbremse ziehen, löst Mineralstoffe aus den Knochen, um ein Zuviel an Säuren zu neutralisieren. Auch im Bindegewebe werden dann überschüssige Säuren eingelagert. Spür- und sichtbare Folgen einer latenten Übersäuerung: Blässe, Müdigkeit und Lustlosigkeit sowie ein schwaches Immunsystem. Langfristig kann eine Übersäuerung jedoch Osteoporose, Gelenkserkrankungen, Bindegewebsschwäche (Cellulite) und chronische Krankheiten nach sich ziehen.

Das Heilsame Basenfasten mit seinem hohen Gehalt an basenbildenden Mineralstoffen und Vitaminen stoppt die latente Übersäuerung und kann den Säure-Basen-Haushalt wieder ins Gleichgewicht bringen.

Overnight-Oats mit Chia, Birne und Trauben

Für 2 Portionen

20 g	Haferflocken
2 EL	Chiasamen
350 ml	Hafer-, Soja- oder Mandeldrink, ungesüßt
1 Stk.	saftige Birne, grob geraspelt
200 g	Trauben, halbiert
1 EL	getrocknete Cranberrys, gehackt
1 EL	Haselnüsse, gehackt

1. Am Vorabend Haferflocken und Chiasamen mit der Haferdrink vermischen, zudecken, über Nacht kalt stellen.
2. Am Morgen Haferflocken, Chia und Einweichflüssigkeit mit den Birnen gut verrühren.
3. Trauben, Cranberrys und Haselnüsse untermischen.

Pro Portion 296 kcal, 11 g E, 9 g F, 41 g KH, 0 mg Chol

Müsli mit Quinoa-Popps, Kirschen und Aprikosen

Für 2 Portionen

200 g	süße Kirschen, entsteint
200 g	Aprikosen, kleine Stücke
2 Stk.	getrocknete Datteln, gewürfelt
1 Stk.	Orange, ausgepresst
300 g	Sojajoghurt, ungesüßt
¼ TL	Bourbonvanille, gemahlen
¼ TL	Zimt, gemahlen
30 g	gepufftes Quinoa (Quinoa-Popps)
1 EL	Cashewnüsse, gehackt

1. Kirschen, Aprikosen, Datteln und Orangensaft vermischen. Sojajoghurt, Vanille und Zimt verrühren.
2. Quinoa-Popps portionsweise in der Bowl anrichten, darauf den Kirschen-Aprikosen-Salat und den Vanille-Joghurt geben. Müsli mit Cashewnüssen bestreuen.

Pro Portion 308 kcal, 9 g E, 9 g F, 47 g KH, 0 mg Chol

Frühstück, Overnight-Oats, Smoothie-Bowls

Müsli mit Pfirsich, Melonen und Leinsamen

Für 2 Portionen

30 g	Hafer-, Reis-, oder Dinkelflocken
1 EL	Leinsamen, geschrotet
2 Stk.	getrocknete Datteln, fein gehackt
200 ml	Wasser
300 g	Sojajoghurt, ungesüßt
1 Stk.	reifer Pfirsich, kleine Stücke
200 g	Melone, kleine Stücke
1 TL	Nüsse, gehackt

1. Am Vorabend Getreideflocken, Leinsamen, Datteln und Wasser vermischen, zudecken, über Nacht kalt stellen.
2. Am Morgen Flocken, Leinsamen, Einweichflüssigkeit und Sojajoghurt glatt rühren.
3. Pfirsich, Melone und Nüsse untermischen.

Pro Portion 295 kcal, 10 g E, 10 g F, 40 g KH, 0 mg Chol

Leinsamen immer einweichen!

Auch geschrotete Leinsamen müssen immer eingeweicht werden, nur so können sie sanft die Verdauung fördern. Nicht eingeweicht haben die kleinen Samen den gegenteiligen Effekt.

Müsli mit Erdmandeln, Sharonfrucht und Banane

Für 2 Portionen

2 Stk.	getrocknete Softpflaumen, klein gehackt
100 ml	Wasser
3 Stk.	Mandarinen, ausgepresst
30 g	Erdmandelflocken (Chufas)
1 Stk.	Sharonfrucht, kleine Stücke
1 Stk.	kleine Banane, dünne Scheiben
1 TL	Mandeln, gehackt

1. Am Vorabend die getrockneten Pflaumen mit 100 ml Wasser vermischen, zudecken, über Nacht kalt stellen.
2. Am Morgend die Erdmandelflocken mit Pflaumen, Einweichflüssigkeit und Mandarinensaft verrühren.
3. Sharonfrucht, Banane und Mandeln untermischen.

Pro Portion 295 kcal, 3 g E, 6 g F, 53 g KH, 0 mg Chol

Frühstück, Overnight-Oats, Smoothie-Bowls

Grits mit Nektarine und Erdbeersauce

Für 2 Portionen

150 g	(TK-)Erdbeeren, Stücke
500 ml	Soja-, Hafer- oder Mandeldrink, ungesüßt
50 g	feiner Vollkorngrieß
2 TL	getrocknete Cranberrys, fein gehackt
2 TL	Haselnüsse, gehackt
¼ TL	Zimt, gemahlen
¼ TL	Bourbonvanille, gemahlen
1 Stk.	Nektarine, kleine Stücke

1. 120 g Erdbeeren mit dem Mixstab fein pürieren.
2. Sojadrink zum Kochen bringen. Grieß, Cranberrys, Haselnüsse, Zimt und Vanille einrühren.
3. Unter Rühren in ca. 5 Minuten einen nicht zu dicken Grießbrei kochen.
4. Grießbrei portionsweise mit der Erdbeersauce anrichten, mit Nektarinenstückchen und restlichen Erdbeeren bestreuen.

Pro Portion 300 kcal, 13 g E, 9 g F, 41 g KH, 0 mg Chol

Einpacken, mitnehmen

Sollten Sie die Smoothie-Bowl zur Arbeit mitnehmen wollen, können Sie die Früchte zum Bestreuen separat einpacken.

Porridge mit Ananas, Granatapfel und Datteln

Für 2 Portionen

50 g	Haferflocken
300 ml	Wasser
2 Stk.	getrocknete Datteln, kleine Würfel
¼ TL	Bourbonvanille, gemahlen
400 ml	Soja-, Hafer- oder Mandeldrink, ungesüßt
3 Stk.	Kardamomkapseln, Samen zerstoßen
200 g	Ananas, kleine Stücke
½ Stk.	Granatapfel, Kerne ausgelöst

1. Am Vorabend die Haferflocken mit 300 ml Wasser vermischen, zudecken und kalt stellen.
2. Am Morgen Haferflocken mit dem Einweichwasser, Datteln, Vanille und Kardamom zum Kochen bringen. 5 Minuten köcheln lassen, bei Bedarf etwas Wasser untermischen.
3. Sojadrink unterrühren, und alles in ca. 7 Minuten zu einem cremigen Porridge kochen lassen, dabei ab und zu umrühren.
3. Porridge portionsweise anrichten, mit Ananas und Granatapfelkernen bestreuen.

Pro Portion 293 kcal, 12 g E, 7 g F, 45 g KH, 0 mg Chol

Frühstück, Overnight-Oats, Smoothie-Bowls

Porridge *mit Nektarinen und Pflaumen*

Für 2 Portionen

60 g	Hafer, geschrotet
300 ml	Wasser
2 Stk.	getrocknete Softpflaumen, kleine Stücke
½ TL	Zimt, gemahlen
400 ml	Soja-, Hafer- oder Mandeldrink, ungesüßt
1 Stk.	saftige Nektarine, kleine Stücke
200 g	reife Pflaumen, kleine Stücke

1. Am Vorabend den Hafer mit 300 ml kaltem Wasser vermischen, zudecken, über Nacht kalt stellen.
2. Am Morgen Hafer mit dem Einweichwasser, Softpflaumen und Zimt zum Kochen bringen. 10 Minuten köcheln lassen, dabei ab und zu umrühren, bei Bedarf noch wenig Wasser untermischen.
3. Sojadrink unterrühren, 5 Minuten köcheln lassen.
4. Nektarinen und Pflaumen untermischen. Porridge einen Moment erhitzen.

Pro Portion 290 kcal, 12 g E, 7 g F, 45 g KH, 0 mg Chol

Servieren Sie das klassische Porridge mit geschrotetem Hafer!

Der fein nussige Geschmack bleibt erhalten und der Hafer wird beim Kochen angenehm körnig, aber trotzdem weich. Ganze Haferkörner gibt es in Naturkostgeschäften, und dort findet sich auch meist eine Mühle zum Schroten der Körner. Selbstverständlich können Sie auch dieses Porridge mit Haferflocken zubereiten.

Angenehm cremige Apfel-Hafer-Suppe

Für 2 Portionen

70 g	Haferflocken
600 ml	Wasser
½ TL	Zimt, gemahlen
2 Stk.	saftige säuerliche Äpfel, kleine Stücke
20 g	Rosinen, gehackt
1 EL	Cashewmus

1. Haferflocken mit Wasser und Zimt zum Kochen bringen, ca. 5 Minuten sanft köcheln lassen.
2. Äpfel und Rosinen untermischen. Frühstückssuppe noch 5 Minuten köcheln lassen, bis die Äpfel gut weich sind.
3. Cashewmus dazugeben. Suppe mit dem Pürierstab nur einen Moment mixen. Sie soll cremig sein, aber trotzdem noch einige Apfelstückchen enthalten.

Pro Portion 288 kcal, 6 g E, 12 g F, 38 g KH, 0 mg Chol

Frühstück, Overnight-Oats, Smoothie-Bowls

Hirsespeise *mit Himbeeren, Pfirsich und Zitronenmelisse*

Für 4 Portionen

70 g	Hirse
150 ml	Wasser
400 ml	Soja-, Hafer- oder Mandeldrink, ungesüßt
2 EL	Rosinen, fein gehackt
¼ TL	Zimt, gemahlen
¼ TL	Bourbonvanille, gemahlen
1 Prise	Muskatnuss, frisch gerieben
¼ Stk.	Bio-Zitrone, Schale abgerieben
1 Stk.	Pfirsich, kleine Würfel
150 g	Himbeeren
1 EL	Zitronenmelisse, fein geschnitten

1. Am Vorabend die Hirse in einem Sieb mit heißem Wasser abspülen, abtropfen lassen. Hirse mit 150 ml Wasser vermischen, zudecken, über Nacht kalt stellen.
2. Am Morgen Hirse mit der Einweichflüssigkeit zum Kochen bringen. Sojadrink, Rosinen, Zimt, Vanille, Muskat und Zitronenschale unterrühren. Hirse bei geringer Hitze ca. 15 Minuten köcheln lassen, dabei ab und zu umrühren, bei Bedarf etwas Wasser dazugeben. Die Hirse soll gut weich sein.
3. Pfirsich untermischen, einen Moment erhitzen. Hirse portionsweise mit Himbeeren und Zitronenmelisse bestreut anrichten.

Pro Portion 289 kcal, 13 g E, 6 g F, 43 g KH, 0 mg Chol

Reis-Porridge *mit Kokos, Melonen und Feigen*

Für 1 Portion

150 g	gekochter Naturreis
300 ml	Wasser
100 ml	Kokosdrink
1 TL	frischer Ingwer, fein gehackt
½ Stk.	Bio-Zitrone, Schale abgerieben
4 Stk.	Kardamomkapseln, Samen zerstoßen
½ TL	Zimt, gemahlen
30 g	getrocknete Cranberrys
300 g	Melone, kleine Stücke
2 Stk.	Feigen, kleine Spalten

1. Reis mit Wasser, Kokosdrink, Ingwer, Zitronenschale, Kardamom, Zimt und Canberrys zum Kochen bringen, ca. 20 Minuten köcheln lassen. Der Reis soll cremig zerfallen und leicht suppig sein.
2. Reis-Porridge portionsweise mit Melonen und Feigen anrichten.

Pro Portion 296 kcal, 5 g E, 11 g F, 47 g KH, 0 mg Chol

Schlaue Vorratshaltung!
Kochen Sie 400 g Naturreis in leicht gesalzenem Wasser weich und frieren Sie ihn in 150-g-Portionen ein.

Frühstück, Overnight-Oats, Smoothie-Bowls

Avocado-Ananas-Smoothie *mit Kokoswasser*

Für 2 Portionen

1 Stk.	reife Avocado,
300 g	Ananas, kleine Stücke
500 ml	Kokoswasser, ungesüßt

1. Erst unmittelbar vor dem Genuss das Avocadofruchtfleisch aus der Schale lösen und in kleine Stücke schneiden.
2. Avocado, Ananas und Kokoswasser im Mixbecher oder mit dem Mixstab fein pürieren.

Pro Portion 299 kcal, 3 g E, 18 g F, 32 g KH, 0 mg Chol

Melonen-Tomaten-Müsli-Smoothie

Für 2 Portionen

60 g	Hafer- oder Reisflocken
20 g	Rosinen, gehackt
200 ml	kaltes Wasser
400 g	reife Tomaten, kleine Stücke
400 g	Zuckermelone, kleine Stücke
3 TL	Cashewmus oder Cashewnüsse, gehackt
	Salz

1. Getreideflocken und Rosinen mit Wasser vermischen, etwas quellen lassen.
2. Getreideflocken, Rosinen, Einweichwasser, Tomaten, Melonen und Cashewmus im Mixglas oder mit dem Mixstab fein pürieren.

Pro Portion 293 kcal, 8 g E, 6 g F, 44 g KH, 0 mg Chol

Die 300-Kalorien-Portion der Müsli-Smoothies ist ziemlich groß und das ist praktisch! So gibt es einen Teil davon zum Frühstück, der Rest wird eingepackt und als flüssiger Snack mitgenommen.

Frühstück und Snack in einer Portion

Frühstück, Overnight-Oats, Smoothie-Bowls

Mango-Karotten-Müsli-Smoothie

Für 2 Portionen

50 g	Hafer- oder Reisflocken
20 g	Rosinen, gehackt
150 ml	Wasser
300 ml	Hafer- oder Mandeldrink, ungesüßt
300 ml	Karottensaft
1 Stk.	große, reife Mango, kleine Stücke
2 TL	Nussmus oder Nüsse, gehackt
2 TL	Zitronensaft

1. Getreideflocken und Rosinen mit 150 ml kaltem Wasser vermischen, kalt stellen und etwas quellen lassen
2. Getreideflocken, Rosinen, Einweichwasser, Haferdrink, Karottensaft, Mango, Nussmus und Zitronensaft im Mixglas oder mit dem Mixstab fein pürieren.

Pro Portion 296 kcal, 11 g E, 8 g F, 44 g KH, 0 mg Chol

Chia-Zitronen-Wasser – *ein Durstlöscher*

Für 1 Glas

1 TL	Chiasamen
250 ml	Wasser
1 EL	Zitronensaft

1. Chia mit Wasser vermischen. 15 Minuten quellen lassen.
2. Zitronensaft untermischen.

Pro Portion 25 kcal, 1 g E, 2 g F, 2 g KH, 0 mg Chol

Stillt den Durst, schmeichelt dem Magen und wirkt gegen Hunger!

Obwohl die 300-Kalorien-Portionen beim Heilsamen Basenfasten reichlich sind, kann es sein, dass sich zwischendurch ein leichtes Hungergefühl einstellt. Zum Beispiel, wenn Sie daran gewöhnt sind, am Nachmittag eine kleine Kaffee- und Kuchenpause einzulegen oder abends gerne Chips knabbern. Dann hilft das Chia-Zitronen-Wasser. Besonders gut wirkt es, wenn das Wasser lauwarm ist. Der Chia-Drink füllt den Magen, hat verschwindend wenig Kalorien und eine angenehme Konsistenz.

Frühstück, Overnight-Oats, Smoothie-Bowls

Grüner Smoothie mit Spinat, Banane, Avocado und Birne

Für 2 Portionen

1 Stk.	reife Avocado
150 g	junger Spinat
1 Stk.	große Banane, kleine Stücke
1 Stk.	saftige Birne, kleine Stücke
500 ml	kaltes Wasser
1 EL	Zitronensaft

1. Erst kurz vor dem Genuss das Avocadofruchtfleisch aus der Schale lösen und in Stücke schneiden.
2. Avocado, Spinat, Banane, Birne, Wasser und Zitronensaft im Mixglas oder mit dem Mixstab zu einem glatten Smoothie pürieren und sofort trinken!

Pro Portion 291 kcal, 5 g E, 18 g F, 27 g KH, 0 mg Chol

Salate – auch zum Mitnehmen

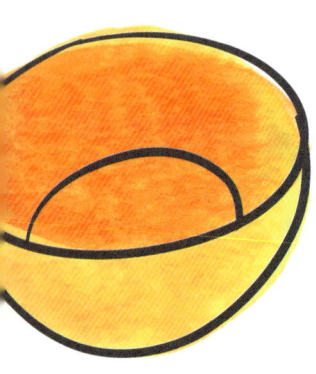

Salate – auch zum Mitnehmen

Spinatsalat mit Spargel und Tomaten-Dressing

Für 2 Portionen

Für das Dressing

2 Stk.	Tomaten, klein gewürfelt
1 EL	Apfelessig
	Salz
	Pfeffer

Für den Salat

1 EL	Olivenöl
1 Stk.	Knoblauchzehe, fein gehackt
400 g	grüner Spargel, längs halbiert, Stücke, Stifte oder grob
150 g	junger Spinat
2 Stk.	Frühlingszwiebeln, feine Ringe
½ Bund	Basilikum, fein geschnitten

1. Für das Dressing Tomaten, Apfelessig, Salz und Pfeffer vermischen. Etwas Saft ziehen lassen.
2. Für den Salat Öl in einer kleinen Pfanne erhitzen. Knoblauch und Spargel dazugeben, unter Rühren braten, mit Salz und Pfeffer würzen.
3. Spinat, Spargel und Frühlingszwiebeln vermischen, portionsweise mit dem Dressing anrichten, mit Basilikum bestreuen.

Pro Portion 125 kcal, 7 g E, 6 g F, 9 g KH, 0 mg Chol

Spinat-Spargel-Salat mit Tomaten-Dressing und Knusperkartoffeln

Knusperkartoffeln

Für 2 Portionen

400 g	große, festkochende Bio-Kartoffeln
½ TL	Kümmel, zerstoßen

1. Backofen auf 200 °C (Umluft 180 °C) vorheizen. Backblech mit Backpapier belegen.
2. Kartoffeln gut abbürsten und ungeschält in ½ cm dicke Scheiben schneiden.
3. Kartoffelscheiben nebeneinander auf das Blech legen, im vorgeheizten Ofen ca. 25 Minuten backen.

Pro Portion 142 kcal, 4 g E, 0 g F, 30 g KH, 0 mg Chol

Salate – auch zum Mitnehmen

Basenfasten-Salat – das Grundrezept

Für 2 Portionen

150 g	Blattsalate
600 g	rohes Gemüse, fein geschnitten oder geraspelt
1 Rezept	Cremiges Senfdressing mit Schnittlauch (siehe Seite 37) oder
1 Rezept	Nuss-Kräuterdressing (siehe Seite 37)

Blattsalate und Gemüse mit dem Dressing vermischen.

Pro Portion ca. 130 kcal, 5 g E, 3 g F, 15 g KH, 0 mg Chol

Basenfasten-Salat mit Nuss-Kräuter-Dressing (siehe Seite 37) oder Cremiges Senfdressing mit Schnittlauch (siehe Seite 37) und Knusperkartoffeln (siehe Seite 34)

Im Frühling kommen die ersten zarten Salatblättchen, Radieschen, junge, süße Karotten und Mairübchen in die große Schüssel. Im Sommer haben sonnenreife Tomaten, Paprika, Gurken, Zucchini und Romano-Salat ihre Hochsaison. Fenchel, Kohlrabi, Pilze, Radicchio und Rucola erfreuen im Herbst, und im Winter wird würziges Wurzelgemüse wie Sellerie; Karotten und Pastinaken mit zartbitterem Radicchio und Endivien gemischt.

Täglich eine neue Salatmischung

Nuss-Kräuter-Dressing

200 ml	kalte Gemüsebrühe (Gemüsesuppe)
1 ½ EL	Nussmus oder Öl
1 EL	Zitronensaft
1 EL	Apfelessig
5 EL	gehackte Kräuter (Petersilie, Basilikum, Dill)
	Salz
	Pfeffer

1. Mit dem Mixstab Gemüsebrühe, Nussmus, Zitronensaft, Apfelessig und Kräuter zu einem Dressing pürieren.
2. Dressing mit Salz und Pfeffer abschmecken.

Pro Portion 65 kcal, 2 g E, 5 g F, 3 g KH, 0 mg Chol

Cremiges Senfdressing mit Schnittlauch

Für 2 Portionen

200 ml	kalte Gemüsebrühe (Gemüsesuppe)
1 EL	Sojasahne
1 EL	Senf
2 EL	Zitronensaft
1 TL	Öl
50 g	gekochte Kartoffeln, geraspelt
1 Bund	Schnittlauch, fein geschnitten
	Salz
	Pfeffer

1. Gemüsebrühe, Sojasahne, Senf, 1 EL Zitronensaft, Öl und Kartoffeln mit dem Mixstab fein pürieren.
2. Kräuter unterrühren. Dressing mit Salz, Pfeffer und Zitronensaft abschmecken

Pro Portion 57 kcal, 1 g E, 3 g F, 6 g KH, 0 mg Chol

So kommt Abwechslung in die Salatschüssel!

Die Dressings mit 1 fein gehackten Knoblauchzehe und/oder 1 TL gehackten Kapern vermischen. Auch mit fein gehackter Bio-Zitronenschale oder Ingwer gewürzt schmecken diese Dressings besonders pikant.

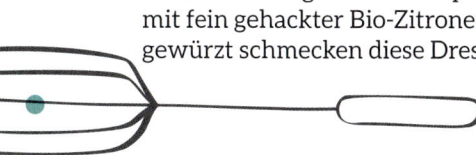

DA KOMMT FREUDE AUF

Mit diesen Fastensalaten begeben Sie sich auf eine kulinarische Entdeckungsreise. Das mag sich jetzt seltsam lesen, trifft aber genau den Kern der Sache, also mitten ins Salatherz. Spinatsalat mit Spargel und Tomatendressing, Blumenkohlsalat mit Pilzen oder marinierter Ofenkürbis mit Gurken-Melonen-Salsa: Das klingt alles so gar nicht nach Verzicht, sondern verspricht reichlich Genuss. Und das ist gut so! Denn beim Heilsamen Basenfasten sollen Sie nicht nur mit vollen Salatschüsseln abnehmen, sondern auch Appetit auf eine Änderung der Essgewohnheiten bekommen. Das ist übrigens der einzige Weg, um dauerhaft das Wunschgewicht zu halten und in der Säure-Basen-Balance zu bleiben.

FLEXIBLE HAUPTGERICHTE

Bei den 300-Kalorien-Basen-Bowls sind die Salate immer Hauptgerichte. Wann Sie diese verspeisen – ob mittags, abends oder zum Brunch am Vormittag – entscheiden Sie selbst. In ein Glas gefüllt eignen sich die Salate auch bestens zum Mitnehmen. Damit Salatmischungen mit zarten Blättchen auch noch in der Mittagspause knackig frisch sind, sollte das Dressing unbedingt getrennt verpackt werden.

MIT UND OHNE KARTOFFELN

Angenehm sättigende Kartoffeln mit ihrem hohen Gehalt an basenbildenden Mineralstoffen, Vitaminen und Eiweiß sind eine beliebte Grundzutat beim Heilsamen Basenfasten. Bei einigen Salaten, wie dem Kartoffel-Endivien-Salat mit Brokkoli, stehen die tollen Knollen gleich auf der Zutatenliste. Bei anderen Salaten, wie dem Sellerie-Karotten-Salat mit Apfeldressing, haben Sie die Wahl: Entweder Sie essen dazu eine schnell zubereitete Kartoffelbeilage, was ich Ihnen sehr empfehlen würde, z.B. die Knusperkartoffeln (S. 34). Oder Sie verspeisen die doppelte Salatportion, um die 300 Kalorien für eine Hauptmahlzeit zu erreichen. Im wahrsten Sinn des Wortes zu guter Letzt finden Sie in diesem Kapitel auch Salate ohne Kartoffeln, von welchen eine Portion bereits 300 Kalorien hat z.B. den von mir sehr geschätzten Fenchel-Karotten-Orangen-Salat mit Avocado (S. 41).

KRÄUTER MIT BASEN-POWER FRISCH HALTEN

Von frischen Kräutern können Sie nie genug bekommen. Sie machen mit ihrem Aroma und ihrem Duft auch das schlichteste Essen zum Festmahl und enthalten höchste Konzentrationen an schützenden Vitaminen und Bio-Stoffen. Aber damit nicht genug: Frische Kräuter gehören zu den stärksten Basenbildnern unter der Sonne und sollten in keiner Basen-Bowl fehlen!

Gut behandelt und gekonnt verpackt halten sich Kräuter bis zu einer Woche im Kühlschrank

Sie brauchen:

1 großen Bund frische Kräuter
    (Petersilie, Minze, Basilikum, Koriander)
2 Blatt Küchenpapier
1 großes Glas mit Deckel

Kräuterstängel etwas abschneiden. Kräuter kurz in kaltem Wasser waschen, abtropfen lassen. Küchenpapier auf den Boden des Glases legen. Kräuter darauf geben, Glas verschließen und in den Kühlschrank stellen.
Selbst empfindliches Basilikum oder Koriander, die schon etwas matt die Blättchen hängen lassen, werden durch diese Behandlung wieder frisch.

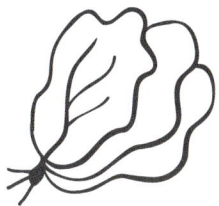

DAS DRESSING WARTET IM KÜHLSCHRANK

Wer morgens wenig Zeit hat, kann abends viel vorbereiten. Salate sind echte Blitzrezepte, und hat man erst einmal ein leckeres Dressing parat, lässt sich aus sämtlichen Gemüsesorten, Blattsalaten und Früchten, die der Kühlschrank gerade so bietet, ein leckerer Salat mischen. Sie werden überrascht sein, welche Kombinationen möglich sind. Hätten Sie gedacht, dass Gurken, Aprikosen und Endivien prima harmonieren und noch besser schmecken, wenn sie mit dem Cremigen Senfdressing (S. 37) mariniert werden? Dieses Dressing hält sich gut verschlossen im Kühlschrank einige Tage und lässt sich gleich in größeren Mengen vorbereiten, genauso wie das schnell gemixte Nuss-Kräuter-Dressing (S. 37).

KALT UND HEISS GEMISCHT

Für den Asia-Sprossen-Salat werden knackige Mungsprossen im Wok kurz gebraten und mit Gurken, Karotten, Radieschen und einem pikanten Dressing vermischt. Salate, für die Heißes und Kaltes gekonnt kombiniert werden, bringen Abwechslung und sind ganz unkompliziert zuzubereiten. Einmal kurz den Backofen anwerfen, Kohlrabi und Kartoffeln klein würfeln, im Ofen braten. Das knusprige Gemüse mit reichlich Feldsalat, geraspelten Karotten und einem Orangen-Dressing vermischen und schon haben wir den Salat! Sie werden feststellen, raffiniert kochen ist einfach und Heilsames Basenfasten kann auch die Kochgewohnheiten ändern.

ABNEHMEN DARF NICHT SAUER MACHEN

Haben Sie's gewusst? Beim Abbau von Körperfett entstehen stark saure Ketonsäuren. Bei einseitigen Crashdiäten sind diese Abfallprodukte eine zusätzliche Bedrohung für das Säure-Basen-Gleichgewicht. Werden diese eiweißlastigen Diäten häufiger durchgeführt, steigt das Risiko für Osteoporose und Bindegewebsschwäche, deren gut sichtbares Zeichen Cellulite ist. Beim Heilsamen Basenfasten können Sie beruhigt abnehmen. Durch die Basenrezepte hat der Säureansturm keine Chance und wird neutralisiert.

Salate – auch zum Mitnehmen

Blumenkohlsalat mit Pilzen

Für 2 Portionen

250 ml	Wasser
	Salz
1 TL	Basilikum
1 Stk.	Bio-Zitronenschale (2 cm x 3 cm)
500 g	Blumenkohl, kleine Röschen
2 EL	Zitronensaft
1 EL	Apfelessig
1 EL	Olivenöl
	Pfeffer
1 Stk.	Tomate, kleine Würfel
100 g	Pilze (Steinpilze, Champignons, Austernpilze), feine Scheiben
½ Bund	Rucola

1. Salzwasser mit Basilikum und Zitronenschale zum Kochen bringen. Blumenkohl dazugeben, zugedeckt in ca. 6 Minuten bissfest köcheln lassen.
2. Blumenkohl abgießen, Kochwasser auffangen. 1 EL Zitronensaft, Essig und Öl verrühren und den Blumenkohl damit vermischen.
3. Kochwasser um die Hälfte einkochen, mit dem Blumenkohl vermischen. Salat durchziehen lassen, mit Zitronensaft, Salz und Pfeffer abschmecken.
3. Kurz vor dem Auftragen Tomaten, Pilze und Rucola vorsichtig mit dem Blumenkohlsalat vermischen. Salat mit Salz, Pfeffer und Zitronensaft abschmecken.

Pro Portion 131 kcal, 9 g E, 6 g F, 9 g KH, 0 mg Chol

Blumenkohlsalat mit Pilzen und Knusperkartoffeln (siehe Seite 40) oder Pommes vom Fett befreit (siehe Seite 42)

Salate – auch zum Mitnehmen

Fenchel-Karotten-Orangen-Salat
mit Avocado

Für 2 Portionen

1 Stk.	Fenchelknolle, sehr kleine Würfel
150 g	Karotten, geraspelt
1 Stk.	Orange, kleine Stücke
2 EL	Zitronensaft
150 ml	Orangensaft
	Salz
	Pfeffer
1 Stk.	reife Avocado, kleine Würfel
250 g	Chicorée, dünne Scheiben

1. Fenchel, Karotten, Orangen, 1 EL Zitronensaft und Orangensaft vermischen, mit Salz und Pfeffer würzen.
2. Kurz vor dem Anrichten Avocado unterheben, mit Zitronensaft, Salz und Pfeffer abschmecken, portionsweise auf Chicorée anrichten.

Pro Portion 294 kcal, 7 g E, 19 g F, 23 g KH, 0 mg Chol

Die Gewichtsangaben in den Rezepten gelten immer für das geputzte Gemüse und die geputzten Früchte.

Geputzt und gewogen

Asia-Sprossen-Salat mit Gurken, Karotten und Radieschen

Für 2 Portionen

Für den Salat

150 g	Gurke, feine Streifen
100 g	Karotten, geraspelt
100 g	Radieschen, dünne Scheiben
1 TL	frischer Ingwer, fein gehackt
	Chilipulver nach Geschmack
	Salz
1 EL	Öl
1 Stk.	Knoblauchzehe, fein gehackt
200 g	Sojasprossen
½ Bund	Rucola
2 Stk.	Frühlingszwiebeln, feine Ringe
1 EL	Zitronensaft
	Salz
	Chilipulver nach Geschmack
2 TL	Sesam, geröstet

Für das Dressing

1 EL	Sojasauce
1 EL	Rotweinessig
2 EL	Zitronensaft

1. Gurken, Karotten, Radieschen, Ingwer, eine Prise Chili und wenig Salz gut vermischen und etwas durchziehen lassen.
2. Für das Dressing Sojasauce, Essig und Zitronensaft verrühren.
3. Öl in einer beschichteten Pfanne erhitzen. Knoblauch darin unter Rühren kurz braten. Sprossen dazugeben, unter Rühren kurz braten.
4. Gurken, Karotten, Radieschen und Sprossen mit dem Dressing vermischen. Rucola und Frühlingszwiebeln untermischen.
5. Salat mit Zitronensaft, Salz und Chili abschmecken mit Sesam bestreuen.

Pro Portion 166 kcal, 8 g E, 9 g F, 12 g KH, 0 mg Chol

Asia-Sprossensalat mit Pommes vom Fett befreit

Pommes vom Fett befreit

Für 2 Portionen

400 g	festkochende Kartoffeln
	Salz

1. Backofen auf 200 ° C (Umluft 180 ° C) vorheizen.
2. Kartoffeln schälen und wie für Pommes frites in dünne Stifte schneiden.
3. Backblech mit Backpapier belegen. Kartoffeln nebeneinander darauf legen. Im vorgeheizten Ofen ca. 20 Minuten backen. Nach 10 Minuten einmal umdrehen. Vor dem Servieren salzen.

Pro Portion 142 kcal, 4 g E, 0 g F, 30 g KH, 0 mg Chol

Salate – auch zum Mitnehmen

Kartoffelsalat

immer beliebt!

Für 2 Portionen

400 g	festkochende Kartoffeln
½ Stk.	rote Zwiebel, fein gehackt
1–2 EL	Apfelessig
1 EL	Rapsöl
100 ml	heiße Gemüsebrühe (Gemüsesuppe)
1 Prise	Muskatnuss, frisch gerieben
	Salz
	Pfeffer

1. Kartoffeln in der Schale weich dämpfen, abziehen, in dünne Scheiben schneiden.
2. Die noch warmen Kartoffeln mit Zwiebel, Essig, Öl und Gemüsebrühe vermischen.
3. Salat mit Muskat, Salz und Pfeffer abschmecken, etwas durchziehen lassen

Pro Portion 198 kcal, 5 g E, 5 g F, 31 g KH, 0 mg Chol

Kartoffelsalat mit ½ Portion Basenfasten-Salat (siehe Seite 36) und 1 TL gehackten Haselnüssen

....

Kartoffel-Endivien-Salat *mit Brokkoli*

Für 2 Portionen

200 g	Brokkoli, sehr kleine Röschen
	Salz
100 g	Endivien, feine Streifen
1 Rezept	Kartoffelsalat (siehe oben)

1. Brokkoli über Wasserdampf in ca. 4 Minuten bissfest garen, leicht salzen.
2. Zuerst den Endivien unter den Kartoffelsalat mischen, dann den Brokkoli vorsichtig unterheben.

Pro Portion 230 kcal, 9 g E, 6 g F, 34 g KH, 0 mg Chol

Kartoffel-Endiviensalat mit Brokkoli und Räuchertofu-Topping mit Sesam (siehe Seite 60)

Salate – auch zum Mitnehmen

Kartoffelsalat *mit Tomaten-Karotten-Pastinaken-Salsa*

Für 2 Portionen

2 Stk.	Tomaten, sehr kleine Würfel
	Salz
	Pfeffer
1 EL	Zitronensaft
100 g	Karotten, grob geraspelt
100 g	Pastinaken, grob geraspelt
1 Stk.	Frühlingszwiebel, feine Ringe
2 EL	Petersilie, gehackt oder Basilikum, fein geschnitten
	Salz
	Pfeffer
1 Rezept	Kartoffelsalat (siehe Seite 44)
½ Stk.	Kopfsalat, mundgerechte Stücke

1. Für die Salsa Tomaten mit Salz, Pfeffer und Zitronensaft vermischen, etwas Saft ziehen lassen.
2. Karotten, Pastinaken, Frühlingszwiebel und Kräuter untermischen. Salsa mit Salz und Pfeffer abschmecken.
3. Kartoffelsalat auf Kopfsalat portionsweise mit der Tomaten-Karotten-Pastinaken-Salsa anrichten

Pro Portion 252 kcal, 7 g E, 6 g F, 40 g KH, 0 mg Chol

Kartoffel-Endivien-Salat mit Tomaten-Karotten-Pastinaken-Salsa und 3 EL Basilikum-Cashew-Dip (siehe Seite 58)

Kartoffel-Feldsalat *mit Gurken*

Für 2 Portionen

1 Rezept	Kartoffelsalat (siehe Seite 44)
200 g	Gurken, dünne Scheiben
100 g	Feldsalat

Kartoffelsalat zuerst mit den Gurken vermischen, dann den Feldsalat unterheben.

Pro Portion 218 kcal, 6 g E, 6 g F, 33 g KH, 0 mg Chol

Kartoffel-Feldsalat mit Gurken und würzigem Miso-Tofu (siehe Seite 48)

Salate – auch zum Mitnehmen

Feldsalat mit Kohlrabi- und Kartoffel-Croûtons und Orangen-Dressing

Für 2 Portionen

400 g	Kohlrabi, kleine Würfel
400 g	festkochende Kartoffeln, kleine Würfel
1 EL	Öl
	Salz
½ TL	Thymian, getrocknet
150 g	Feldsalat
100 g	Karotten, geraspelt
½ Stk.	rote Zwiebel, feine Ringe

Für das Dressing

100 ml	Orangensaft
2 EL	Zitronensaft
1 TL	Dijonsenf
5 EL	kalte Gemüsebrühe (Gemüsesuppe)
	Salz
	Pfeffer

1. Backofen auf 200 °C (Umluft 180°C) vorheizen. Backblech mit Backpapier belegen. Kohlrabi und Kartoffeln darauf verteilen.
2. Öl, Salz und Thymian verrühren, Kohlrabi und Kartoffeln damit beträufeln und im vorgeheizten Ofen ca. 25 Minuten braten, dabei einmal umdrehen.
3. Für das Dressing Orangen- und Zitronensaft, Dijonsenf und Gemüsebrühe verrühren
4. In einer Schüssel Feldsalat und Karotten mit Kohlrabi, Kartoffeln und dem Dressing vermischen. Salat mit Salz, Pfeffer und Zitronensaft abschmecken, portionsweise anrichten, mit Zwiebeln bestreuen.

Pro Portion 305 kcal, 11 g E, 6 g F, 49 g KH, 0 mg Chol

300 KALORIEN BOWL

Auf alte Gemüsesorten achten!

Diesen Salat zur Abwechslung mit lila Karotten zubereiten. Diese alte Sorte wird gerade wiederentdeckt, sie ist in Naturkostgeschäften und auf Bauernmärkten zu finden.

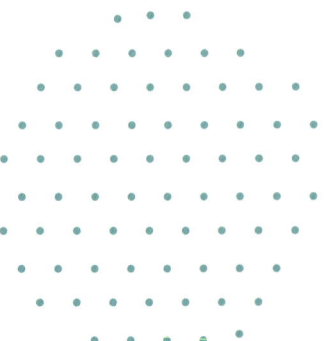

Salate – auch zum Mitnehmen

Knusprig Gebratenes mag …

… knackig Frisches!

Ofenkürbis mit Melonen-Gurken-Salsa

Für 2 Portionen

600 g	Hokkaido-Kürbis, kleine Würfel
1 EL	Öl
	Salz
1 EL	frische Minze, fein geschnitten

Für das Dressing

300 g	Zuckermelone, kleine Würfel
300 g	Gurke, kleine Würfel
3 Stk.	Frühlingszwiebeln, feine Ringe
1 TL	frischer Ingwer, fein gehackt
2 EL	Zitronensaft
	Salz
	Pfeffer

1. Backofen auf 200 °C (Umluft 180 °C) vorheizen. Backblech mit Backpapier belegen.
2. Kürbis mit Öl vermischen, auf dem Backblech verteilen und im vorgeheizten Ofen ca. 20 Minuten backen. Nach 10 Minuten einmal umdrehen.
3. Zuckermelone, Gurke, Frühlingszwiebeln, Ingwer und Zitronensaft vermischen. Kürbis mit dem Dressing vermischen.
4. Salat mit Zitronensaft, Salz und Pfeffer abschmecken, portionsweise anrichten, mit Minze bestreuen.

Pro Portion 216 kcal, 6 g E, 6 g F, 32 g KH, 0 mg Chol

Schmeckt auch mit Zucchini-Minze-Topping (S. 86)

Ofen-Kürbis mit Melonen-Gurken-Salsa und würzigem Miso-Tofu

Würziger Miso-Tofu

Für 2 Portionen

120 g	Tofu natur, dünne Scheiben
1 EL	Miso (Gersten-, Reismiso)
2 EL	Sojasauce
½ EL	Öl
½ TL	Koriandersamen, zerstoßen

1. Miso, Sojasauce, Öl und Koriandersamen glatt rühren.
2. Tofu mit der Marinade bestreichen, zum Kürbis auf das Backblech geben und 20 Minuten braten.

Pro Portion 82 kcal, 7 g E, 7 g F, 1 g KH, 0 mg Chol

Salate – auch zum Mitnehmen

Guacamole mit Gemüsesticks

Für 2 Portionen

Für den Dip

1 Stk.	reife, weiche Avocado
3 EL	Zitronensaft
1 Stk.	Knoblauchzehe, fein gehackt
150 g	gekochte Kartoffeln, geraspelt
1 Stk.	Frühlingszwiebel, feine Ringe
1 EL	frischer Minze, geschnitten
¼ Stk.	Bio-Zitrone, Schale abgerieben
	Salz
	Chilipulver nach Geschmack

Für die Gemüsesticks

1 Stk.	rote Paprikaschote, feine Streifen
150 g	Karotten, feine Streifen
150 g	Gurke, feine Streifen
100 g	Bleichsellerie, feine Stifte

1. Für den Dip Avocado halbieren, Kern entfernen, Fruchtfleisch aus der Schale heben. Avocado mit der Gabel fein zerdrücken, sofort mit Zitronensaft und Knoblauch verrühren.
2. Avocado, Kartoffeln, Frühlingszwiebel, Minze und Zitronenschale glatt rühren. Guacamole mit Zitronensaft, Salz und Chili abschmecken.
3. Gemüsesticks mit der Guacamole anrichten.

Pro Portion 273 kcal, 5 g E, 18 g F, 21 g KH, 0 mg Chol

300 KALORIEN BOWL

Guacamole und Gemüsesticks mit 1 Portion Tomaten-Mango-Salsa

Tomaten-Mango-Salsa

Für 4 Portionen

Super leckerer Sommertipp: Bereiten Sie die Salsa mit frischen Aprikosen zu!

100 g	Mango, kleine Würfel
1 Stk.	Tomate, kleine Würfel
1 Stk.	Frühlingszwiebel, feine Ringe
¼ TL	Koriandersamen, zerstoßen
	Chilipulver nach Geschmack
	Salz

Mango, Tomaten, Frühlingszwiebel, Koriander, Chili und Salz vermischen.

Pro Portion 23 kcal, 1 g E, 0 g F, 5 g KH, 0 mg Chol

Schnell gewickelt – Salat-Wraps

Von der Hand in den Mund: Gemüsesticks, Guacamole und Tomaten-Mango-Salsa in große Salatblätter wickeln.

Salate – auch zum Mitnehmen

Sellerie-Karotten-Salat *mit Apfeldressing*

Für 2 Portionen

Für das Dressing

100 g	Sojajoghurt, ungesüßt
1 Stk.	Apfel, grob geraspelt
2 TL	Dijonsenf
1 EL	Zitronensaft
1 TL	Nussmus oder Öl
	Salz
	Pfeffer

Für den Salat

200 g	Sellerie, geraspelt
200 g	Karotten, geraspelt
150 g	Feldsalat

1. Sojajoghurt, Apfel, Senf, Zitronensaft und Nussmus mit dem Mixstab fein pürieren. Dressing mit Salz und Pfeffer abschmecken.
2. Sellerie und Karotten mit dem Dressing vermischen, portionsweise auf Feldsalat anrichten.

Pro Portion 143 kcal, 5 g E, 4 g F, 19 g KH, 0 mg Chol

Sellerie-Karotten-Salat mit Apfeldressing und Knusperkartoffeln (siehe Seite 34) oder Ofenkartoffeln (siehe Seite 102)

.....

Zwei-Rüben-Salat *mit Sharonfrucht*

Für 2 Portionen

Für das Dressing

100 ml	Mandarinensaft
1 TL	Nussmus oder Öl
2 EL	Zitronensaft
½ TL	Ingwer, fein gehackt
	Salz
	Pfeffer

Für den Salat

150 g	Rote Bete, geraspelt
150 g	Karotten, geraspalt
1 Stk.	Sharonfrucht, feine Spalten
½ Stk.	Endiviensalat, fein geschnitten

1. Mit dem Mixstab Mandarinensaft, Nussmus und Zitronensaft fein pürieren. Dressing mit Ingwer, Salz und Pfeffer abschmecken.
2. Rote Bete und Karotten mit dem Dressing vermischen.
3. Salat mit Salz und Pfeffer abschmecken, portionsweise mit der Sharonfrucht auf Endiviensalat anrichten

Pro Portion 170 kcal, 5 g E, 4 g F, 27 g KH, 0 mg Chol

Zwei-Rüben-Salat mit Sharonfrucht und Pommes vom Fett befreit (siehe Seite 42) oder pro Portion 200 g gedämpfte Kartoffeln.

Salate – auch zum Mitnehmen

Salat mit Fenchel und Heidelbeeren

300 KALORIEN BOWL

Für 2 Portionen

400 g	festkochende Kartoffeln
1 Stk.	Fenchelknolle, feine Streifen
1 Stk.	Karotte, feine Streifen
½ Stk.	Radicchio, feine Streifen
½ Stk.	Kopfsalat, Stücke
2 Stk.	Frühlingszwiebeln, feine Ringe
120 g	Heidelbeeren

Für das Dressing

4 EL	Sojasahne (Mandel-, Hafersahne)
1 EL	Zitronensaft
1 EL	Apfelessig
200 ml	kalte Gemüsebrühe (Gemüsesuppe)
¼ TL	Bio-Zitronenschale, fein gehackt
	Salz
	Pfeffer

1. Kartoffeln in der Schale weich dämpfen, abziehen, in dünne Scheiben schneiden, ca. 50 g Kartoffeln für das Dressing beiseite stellen.
2. Für das Dressing Sojasahne, Zitronensaft, Essig, Gemüsebrühe, 50 g gekochte Kartoffeln und Zitronenschale mit dem Mixstab fein pürieren. Dressing mit Salz und Pfeffer abschmecken.
3. Kartoffeln, Fenchel, Karotten, Radicchio und Kopfsalat mit dem Dressing vermischen, mit Zitronensaft, Salz und Pfeffer abschmecken, mit Frühlingszwiebeln und Heidelbeeren bestreuen.

Pro Portion 288 kcal, 9 g E, 7 g F, 44 g KH, 0 mg Chol

Salate – auch zum Mitnehmen

Salat mit Tomaten, Paprika, Pilzen, Kartoffeln und Gurken-Kapern-Dressing

Für 2 Portionen

1 Stk.	Kopfsalat, Stücke
½ Bund	Rucola
250 g	Kirschtomaten, halbiert
1 Stk.	rote Paprikaschote, feine Streifen
150 g	Champignons, dünne Scheiben
2 Stk.	Frühlingszwiebeln, feine Ringe

Für das Dressing

300 g	Gurke, geraspelt
½ Bund	Petersilie, gehackt
2 EL	Dill, fein geschnitten
1 Stk.	Knoblauchzehe, gehackt
1 TL	Senf
1 EL	Apfelessig
1 EL	Zitronensaft
1 EL	Öl
2 TL	Kapern, gehackt
	Salz
	Pfeffer

1. Für das Dressing Gurke, Petersilie, Dill, Knoblauch, Senf Apfelessig, Zitronensaft und Öl mit dem Mixstab fein pürieren. Kapern untermischen, mit Salz und Pfeffer abschmecken.
2. Kopfsalat, Rucola, Tomaten, Paprika, Champignons und Frühlingszwiebeln mit dem Dressing vermischen.

Pro Portion 163 kcal, 6 g E, 7 g F, 17 g KH, 0 mg Chol

Salat mit Knusperkartoffeln (siehe Seite 34)

Suppen und Eintöpfe

Alles-Sommer-Suppe mit Zucchini, grünen Bohnen, Tomaten

Für 2 Portionen

1 EL	Olivenöl
1 Stk.	Zwiebel, fein gehackt
300 g	Kartoffeln, kleine Stücke
100 g	Karotten, dünne Scheiben
50 g	Knollensellerie, feine Streifen
50 g	Petersilienwurzel, kleine Würfel
1,5 l	Gemüsebrühe (Gemüsesuppe)
1 TL	Liebstöckel, getrocknet
2 Stk.	Lorbeerblätter
1 Prise	Muskatnuss, frisch gerieben
100 g	grüne Bohnen, kleine Stücke
100 g	Fenchel, kleine Würfel
100 g	Zucchini, kleine Würfel
300 g	Tomaten, abgezogen, kleine Würfel
	Salz
	Pfeffer
2 EL	frische Minze oder Basilikum, fein geschnitten

1. Olivenöl in einem beschichteten oder gusseisernen Topf erhitzen. Zwiebel darin bei milder Hitze glasig dünsten.
2. Kartoffeln, Karotten, Sellerie und Petersilienwurzel dazugeben, unter Rühren kurz anbraten.
3. Mit Gemüsebrühe aufgießen, mit Liebstöckel, Lorbeer und Muskat würzen. Suppe zum Kochen bringen, 5 Minuten köcheln lassen.
4. Bohnen und Fenchel dazugeben. Suppe ca. 8 Minuten köcheln lassen.
5. Zucchini und Tomaten untermischen. Suppe nochmals ca. 3 Minuten köcheln lassen, bis das Gemüse bissfest ist. Mit Salz und Pfeffer abschmecken.
6. Lorbeer entfernen. Alles-Sommer-Suppe mit Minze bestreut servieren.

Pro Portion 257 kcal, 10 g E, 6 g F, 38 g KH, 0 mg Chol

Alles-Sommer-Suppe mit 2 EL Basilikum-Cashew-Dip

Basilikum-Cashew-Dip

Für ca. 15 EL

60 g	frisches Basilikum, gehackt
2 EL	Cashewnüsse, gehackt
2 Stk.	Knoblauchzehen, gehackt
120 ml	kalte Gemüsebrühe (Gemüsesuppe)
100 g	gekochte Kartoffeln, geraspelt
1 EL	Zitronensaft
	Salz
	Pfeffer

1. Basilikum, Cashewnüsse, Knoblauch, Gemüsebrühe, Kartoffeln und Zitronensaft im Cutter (Multizerkleinerer) oder mit dem Mixstab zu einem cremigen Dip verarbeiten.
2. Dip mit Salz und Pfeffer abschmecken. Haltbarkeit im Kühlschrank ca. 2 Tage.

Pro Esslöffel 16 kcal, 1 g E, 1 g F, 2 g KH, 0 mg Chol

Suppen und Eintöpfe

Kohlrabisuppe *mit Steinpilzen*

Für 2 Portionen

15 g	Steinpilze, getrocknet
200 ml	Wasser, lauwarm
1 Bund	Petersilie
1 EL	Öl
1 l	Gemüsebrühe (Gemüsesuppe)
200 g	festkochende Kartoffeln, kleine Würfel
1 Stk.	Bio-Zitronenschale (2 cm x 3 cm)
1 Prise	Muskatnuss, frisch gerieben
1 TL	Liebstöckel, getrocknet
400 g	Kohlrabi, kleine Würfel
200 g	Lauch, feine Streifen
	Salz
	Pfeffer

1. Steinpilze in lauwarmem Wasser 20 Minuten einweichen, abgießen. Einweichwasser auffangen, durch ein feines Sieb gießen. Steinpilze fein hacken.
2. Petersilienblättchen abzupfen, Petersilienstängel fein schneiden. Petersilienblättchen fein hacken.
3. Öl in einem beschichteten Topf erhitzen. Steinpilze, Petersilienstängel und die Hälfte der Petersilienblättchen darin unter Rühren andünsten. Mit Gemüsebrühe und Pilzeinweichwasser aufgießen.
4. Kartoffeln, Zitronenschale, Muskat und Liebstöckel dazugeben. Suppe zum Kochen bringen. 12 Minuten zugedeckt köcheln lassen.
5. Kohlrabi und Lauch untermischen, mit Salz und Pfeffer abschmecken und ca. 6 Minuten köcheln lassen. Suppe mit Petersilie bestreuen.

Pro Portion 214 kcal, 11 g E, 6 g F, 27 g KH, 0 mg Chol

Kohlrabisuppe mit Steinpilzen
und Räuchertofu-Topping

Räuchertofu-Topping *mit Sesam*

Für 4 Portionen

1 TL	Öl
150 g	Räuchertofu, sehr kleine Würfel
1 EL	Sojasauce
½ TL	Koriandersamen, zerstoßen
2 Stk.	Frühlingszwiebeln, feine Ringe
1 TL	Sesam, geröstet

1. Öl in einer kleinen beschichteten Pfanne erhitzen. Räuchertofu darin unter Rühren kurz braten. Sojasauce und Koriander untermischen, unter Rühren braten, bis die Sojasauce verdampft ist.
2. Räuchertofu mit Frühlingszwiebeln und Sesam vermischen.

Pro Portion 54 kcal, 4 g E, 4 g F, 2 g KH, 0 mg Chol

Suppen und Eintöpfe

Karotten-Tomaten-Pastinaken-Suppe

Für 2 Portionen

1 EL	Öl
1 Stk.	Zwiebel, fein gehackt
1 Prise	Muskatnuss, frisch gerieben
1 TL	Koriandersamen, zerstoßen
1,5 l	Gemüsebrühe (Gemüsesuppe)
400 g	Pastinaken, kleine Stücke
500 g	Karotten, dünne Scheiben
250 g	Tomatenstücke (Dose/Tetra Pak)
	Salz
	Pfeffer
2 EL	Petersilie oder Minze, fein gehackt

1. Öl in einem beschichteten oder gusseisernen Topf erhitzen. Zwiebel darin bei milder Hitze weich und glasig dünsten. Muskat und Koriander dazugeben, unter Rühren kurz mitrösten.
2. Mit Gemüsebrühe aufgießen. Suppe zum Kochen bringen, 5 Minuten köcheln lassen.
3. Pastinaken und Karotten untermischen, 8 Minuten köcheln lassen.
4. Tomaten untermischen, 3 Minuten köcheln lassen.
5. Suppe mit dem Mixstab fein pürieren, mit Salz und Pfeffer abschmecken Mit Petersilie bestreut servieren.

Pro Portion 227 kcal, 8 g E, 9 g F, 26 g KH, 0 mg Chol

Karotten-Pastinaken-Suppe mit Räuchertofu-Topping mit Sesam (siehe Seite 60) oder Pilz-Topping (siehe Seite 68)

IDEALE FASTENSPEISEN

Sie werden keinen Moment an Verzicht denken, wenn Sie vor einer großen Schüssel mit dampfender, duftender Fastensuppe sitzen. Suppen machen das Abnehmen leicht. Beschenken Sie sich vor Beginn des Heilsamen Basenfastens mit einer schönen, großen Portionsschüssel oder setzen Sie diese auf Ihre Wunschliste. Denn auch der Wow-Effekt („So viel kann ich essen!") trägt zum Erfolg des Heilsamen Basenfastens bei. Ich kaufe meine Portionsschüsseln – denn auch der Rest der Familie und Gäste wollen am Suppenglück teilhaben – häufig in Asia-Geschäften. Dort gibt es eine große Auswahl preisgünstiger Schüsseln.

AUS DER VIELFALT SCHÖPFEN

Ein neuer Tag, ein neues Rezept, die Suppenküche ist eine unendliche, köstliche Geschichte. Allein für meine Fastenbücher habe ich 120 Suppenrezepte entwickelt. Auch in diesem Buch finden Sie über 20 neue Suppenideen, die Sie, so hoffe ich, zu eigenen Kreationen inspirieren werden. In den großen Suppentopf wandern ganz im Einklang mit der Jahreszeit im Frühling feiner Spargel und zarte Spinatblättchen, im Sommer sonnenreife Tomaten, knackige grüne Bohnen und saftige Zucchini. Im Herbst und im Winter Karotten, Rote Bete, Pastinaken, Petersilienwurzel und Sellerie. Aber heimisches Wurzelgemüse steht uns das ganze Jahr zur Verfügung und harmoniert mit exotischen Gewürzen, Ingwer, Zitrone und Kokosmilch. Frische Kräuter sind das Tüpfelchen auf dem i für jede Suppe und bringen nicht nur den letzten Aromakick, sondern auch grüne Basenpower in die Schüssel. Ob klare Brühe mit bissfest gegarten Gemüsestückchen oder cremig gemixte Gaumenschmeichler: Lassen Sie sich die Fastensuppe schmecken!

GRUNDREZEPT FÜR DIE FASTENSUPPE

Für 2 Portionen

1 EL Öl
1 Zwiebel, fein gehackt
1,2 l Gemüsebrühe (Gemüsesuppe)
200 g mehlige Kartoffeln, kleine Stücke
400 g Gemüse, kleine Stücke
1 Bund frische Kräuter, gehackt

Öl in einem Topf erhitzen. Zwiebeln darin zuerst weich dünsten, dann unter Rühren kurz anbraten. Mit Gemüsebrühe aufgießen, zum Kochen bringen. Kartoffeln und harte Gemüse dazugeben, und ca. 10 Minuten köcheln lassen. Weichere Gemüse dazugeben, ca. 5 Minuten köcheln lassen.

Suppe vom Herd nehmen, mit dem Mixstab fein pürieren, mit Salz und Pfeffer abschmecken, mit Kräutern bestreuen.

Gewürzt wird ganz nach persönlichem Appetit z.B. mit Muskat, Koriander, Piment und frischem Ingwer, einer prima Suppenwürzmischung. Vielen schmeckt auch Knoblauch in der Suppe.

Besonders praktisch: Nach diesem Rezept können Sie auch kleine Gemüsereste verwerten, zum Beispiel am letzten Tag der Fastenwoche.

SCHLAUE VORRATSHALTUNG UND ABGESTIMMTE GARZEITEN

Minimieren Sie den Arbeitsaufwand für das Heilsame Basenfasten: Suppen für die ganze Fastenwoche vorkochen und portionsweise einfrieren. Sie müssen auch nicht für jeden Fastentag eine andere Suppe kochen. Bereiten Sie z.B. größere Mengen von drei verschiedenen Suppen vor und verspeisen Sie diese an wechselnden Tagen.

Besonders gut eignen sich Cremesuppen für die Kältebehandlung. Wenn Sie klare Suppen mit Gemüsestückchen einfrieren wollen, kochen Sie das Gemüse sehr bissfest, denn es gart beim Aufwärmen nach. Geben Sie bei der Suppenzubereitung immer zuerst die robusten Gemüsesorten wie Karotten, Sellerie und Pastinaken in den Topf, erst wenn diese etwas gegart sind, werden Gemüse wie grüne Bohnen, Kohlrabi, Spargel, Zucchini oder Lauch untergemischt. Ganz Zartes wie Spinatblättchen nur einen Moment erhitzen, und frische Kräuter kommen erst dann in den Topf, wenn dieser nicht mehr auf dem Herd steht.

SCHLANK BLEIBEN MIT SUPPEN

Das große Ziel nach dem Fasten: Schlank bleiben oder noch ein paar Kilos abnehmen. Fastensuppen können dazu beitragen, dass dieser Wunsch Wirklichkeit wird. Legen Sie nach dem Heilsamen Basenfasten pro Woche einen Suppentag ein. So fällt es Ihnen leicht, das Gewicht zu halten. Wenn Sie langsam noch weiter abnehmen wollen, essen sie an zwei Tagen in der Woche nur Suppe, dazu ein Frühstücksrezept aus diesem Buch.

HEILSAMES SUPPENFASTEN

Sieben Suppen für sieben Tage. Sie können das Heilsame Basenfasten auch ausschließlich mit köstlichen Suppen bestreiten, eine bewährte Tut-Gut-Methode für Bauch und Zeitbudget.

Eine 300-Kalorien-Bowl mit Suppe wird jeweils mittags und abends aufgetischt. Selbstverständlich können Sie dafür zwei verschiedene Rezepte zubereiten. Ich bin jedoch der Meinung, wenn schon einfach, dann richtig und koche pro Tag nur eine Suppe. Die Zeitersparnis beim Einkaufen und Kochen lässt sich noch steigern. Sie brauchen dafür allerdings ein großes Tiefkühlfach: Suppe für die ganze Woche im Voraus kochen und einfrieren. So können Sie ihre Kochaktivitäten auf das Frühstück beschränken, eine sehr entspannende Perspektive, bleibt doch endlich Zeit für ....

Suppen und Eintöpfe

Paprika-Fenchel-Suppe

Für 2 Portionen

1 EL	Öl
1 Stk.	Zwiebel, fein gehackt
3 Stk.	Knoblauchzehen, fein gehackt
1,2 l	Gemüsebrühe (Gemüsesuppe)
100 g	mehlige Kartoffeln, kleine Stücke
3 Stk.	rote Paprikaschoten, kleine Stücke
1 Stk.	Fenchelknolle, kleine Stücke
1 Stk.	Bio-Zitronenschale (2 cm x 3 cm)
½ TL	Thymian, getrocknet
3 EL	Soja- oder Mandelsahne
2 TL	Zitronensaft
	Salz
	Pfeffer
½ Bund	Petersilie, fein gehackt

1. Öl in einem beschichteten Topf erhitzen. Zwiebel und Knoblauch darin bei milder Hitze weich dünsten.
2. Mit Gemüsebrühe aufgießen und zum Kochen bringen. Kartoffeln, Paprika, Fenchel, Zitronenschale und Thymian dazugeben, zugedeckt ca. 15 Minuten köcheln lassen, bis das Gemüse weich ist.
3. Sojasahne und Zitronensaft unterrühren. Suppe mit dem Mixstab fein pürieren, mit Salz und Pfeffer abschmecken, mit Petersilie bestreuen.

Pro Portion 223 kcal, 8 g E, 11 g F, 23 g KH, 0 mg Chol

Paprika-Fenchel-Suppe mit 3 EL Tomaten-Dip

Provençalischer Tomaten-Dip

Für 10 EL

400 g	reife Tomaten, abgezogen, Stücke
1 EL	Olivenöl
1 Stk.	Knoblauchzehe, gehackt
½ TL	Oregano, getrocknet
½ TL	Basilikum, getrocknet
½ TL	Thymian, getrocknet
	Salz
	Pfeffer

1. Tomaten, Öl, Knoblauch, Oregano, Basilikum und Thymian in einen kleinen Topf geben und in ca. 10 Minuten um die Hälfte einkochen lassen.
2. Tomaten mit dem Mixstab fein pürieren, mit Salz und Pfeffer abschmecken.

Pro Esslöffel 16 kcal, 1 g E, 1 g F, 1 g KH, 0 mg Chol

Im Sommer, wenn die Tomaten aromatisch und preisgünstig sind, gleich eine größere Menge Tomaten-Dip kochen und in kleinen Portionen einfrieren!

Suppen und Eintöpfe

Karotten-Kartoffel-Suppe mit Röstaromen

Für 2 Portionen

1 EL	Olivenöl
1 Stk.	Zwiebel, fein gehackt
300 g	festkochende Kartoffeln, dünne Scheiben
	Salz
1 Prise	Muskatnuss, frisch gerieben
400 g	Karotten, dünne Scheiben
2 Stk.	Knoblauchzehen, fein gehackt
½ TL	Fenchelsamen, zerstoßen
½ TL	Koriandersamen, zerstoßen
1,2 l	Gemüsebrühe (Gemüsesuppe)
1 TL	Liebstöckel, getrocknet
3 Stk.	Frühlingszwiebeln, feine Ringe
4 EL	Petersilie, fein gehackt

1. Olivenöl in einem beschichteten oder gusseisernen Topf erhitzen. Zwiebeln darin bei milder Hitze zuerst weich und glasig dünsten, dann unter Rühren kurz anrösten.
2. Kartoffeln dazugeben, mit Salz und Muskat würzen, zugedeckt ca. 5 Minuten dünsten lassen, dann unter Rühren anbraten. Dabei sollen die Kartoffeln stellenweise leicht braun werden.
3. Karotten, Knoblauch, Fenchel- und Koriandersamen dazugeben, unter Rühren kurz anbraten. Mit Gemüsebrühe aufgießen, mit Liebstöckel würzen.
4. Suppe zum Kochen bringen und ca. 15 Minuten zugedeckt köcheln lassen. Frühlingszwiebeln dazugeben, nochmals 2 Minuten köcheln lassen. Karotten-Kartoffel-Suppe mit Petersilie bestreut servieren.

Pro Portion 236 kcal, 7 g E, 6 g F, 38 g KH, 0 mg Chol

Karotten-Kartoffel-Suppe mit 3 EL Provençalischer Tomaten-Dip (siehe Seite 64)

Aus 1 mach 3!

Zum Mittagessen die Kartoffel-Karotten-Suppe verspeisen. Abends die restliche Suppe erhitzen, durch ein Sieb abgießen. Als Vorspeise gibt es nun klare Gemüsebouillon mit Kräutern bestreut, als zweiten Gang einen lauwarmen Salat aus Kartoffeln und Karotten vermischt mit einer Marinade aus 2 EL Zitronensaft, 1 EL Olivenöl, 2 EL fein gehackten Zwiebeln und 2 EL fein gehackten Kräutern.

Suppen und Eintöpfe

Frühlingssuppe mit Spargel und Spinat

Für 2 Portionen

1 Bund	Petersilie
1 EL	Öl
1 Stk.	Zwiebel, fein gehackt
1 Prise	Muskatnuss, frisch gerieben
1,3 l	Gemüsebrühe (Gemüsesuppe)
300 g	festkochende Kartoffeln, dünne Scheiben
300 g	weißer Spargel, kleine Stücke
200 g	grüner Spargel, kleine Stücke
1 Stk.	Bio-Zitronenschale (2 x 3 cm)
100 g	frischer Spinat
2 TL	Zitronensaft

1. Petersilienblättchen abzupfen. Petersilienstängel fein schneiden. Petersilienblättchen fein hacken.
2. Öl in einem beschichteten oder gusseisernen Topf erhitzen. Zwiebel darin bei milder Hitze weich und glasig dünsten. Petersilienstängel, die Hälfte der Petersilienblättchen und Muskat dazugeben, unter Rühren kurz anrösten.
3. Mit Gemüsebrühe aufgießen. Suppe zum Kochen bringen. Kartoffeln dazugeben, ca. 8 Minuten köcheln lassen.
4. Weißen und grünen Spargel sowie Zitronenschale untermischen, köcheln lassen, bis der Spargel weich ist.
5. Kleine Spinatblätter ganz lassen, große in Streifen schneiden. Spinat in die Suppe rühren und nur einen Moment erhitzen, nicht kochen lassen. Suppe mit Zitronensaft abschmecken, mit Petersilienblättchen bestreuen.

Pro Portion 237 kcal, 11 g E, 6 g F, 33 g KH, 0 mg Chol

Frühlingssuppe mit Spargel und Spinat mit Pilz-Topping (siehe Seite 68)

Drei Gerichte aus einem Topf — Appetit auf Abwechslung beim Abendessen? Suppe (ohne Spinat) erhitzen, durch ein Sieb gießen, Spargel-Bouillon auffangen, mit Petersilie bestreut essen. Als zweiten Gang gibt es einen lauwarmen Salat: Spargel, Kartoffeln und rohen Spinat mit einem Dressing aus 2 EL Zitronensaft und 1 EL Öl vermischen, mit Salz und Pfeffer abschmecken, mit frischem Basilikum bestreuen.

Spinat sollte man nicht aufwärmen. Wenn Sie diese Suppe mittags und abends essen, dann stellen Sie die Suppe für das Abendessen vor der Zugabe des Spinats beiseite und geben Sie nur die Hälfte des Spinats in die Mittagssuppe. Die restliche Menge Spinat gehört in die aufgewärmte Abendsuppe.

Leicht gemacht: Suppenfasten mit der Spargel-Spinat-Suppe

Einmal kochen
Zweimal essen
Dreimal genießen

1. Gemüsesuppentopf

2. Spargelboullion

3. Spinat-Spargel-Kartoffel-Salat

Suppen und Eintöpfe

Brokkoli-Lauch-Petersilien-Suppe *mit Nuss*

Für 2 Portionen

1 gr. Bd.	Petersilie
1,2 l	Gemüsebrühe (Gemüsesuppe)
100 g	mehlige Kartoffeln, kleine Stücke
500 g	Brokkoli, kleine Röschen
200 g	Lauch, feine Ringe
1 Stk.	Bio-Zitronenschale (2 x 3 cm)
½ TL	Thymian, getrocknet
1 Prise	Muskatnuss, frisch gerieben
	Salz
	Pfeffer
1 EL	Cashewmus
2 TL	Zitronensaft

1. Petersilienblättchen von den Stängeln zupfen. Petersilienstängel fein schneiden. Blättchen fein hacken.
2. Gemüsebrühe mit Kartoffeln zum Kochen bringen, 8 Minuten zugedeckt köcheln lassen.
3. Brokkoli, Lauch, Zitronenschale, Thymian und Muskat dazugeben, ca. 8 Minuten köcheln lassen. Der Brokkoli soll weich mit Biss sein. Mit Salz und Pfeffer abschmecken.
4. Petersilienblättchen, Cashewmus und Zitronensaft dazugeben. Suppe mit dem Mixstab fein pürieren, mit Salz und Pfeffer abschmecken.

Pro Portion 233 kcal, 15 g E, 10 g F, 20 g KH, 0 mg Chol

Brokkoli-Lauch-Petersilien-Suppe mit Pilz-Topping

Pilz-Topping

Für 2 Portionen

1 TL	Öl
200 g	Champignons, feine Scheiben
	Salz
	Pfeffer
4 EL	Petersilie, fein gehackt
1 Stk.	Frühlingszwiebel, feine Ringe

1. Öl in einer beschichteten Pfanne erhitzen. Pilze darin unter Rühren 3 Minuten braten, mit Salz und Pfeffer würzen.
2. Petersilie und Frühlingszwiebel untermischen.

Pro Portion 43 kcal, 3 g E, 3 g F, 2 g KH, 0 mg Chol

Suppen, Eintöpfe, Toppings: drei aus einem Topf

Asia-Herbstsuppe *mit Kürbis und Sprossen*

Für 2 Portionen

1 EL	Öl
1 Stk.	Zwiebel, fein gehackt
2 EL	Sojasauce
1,2 l	Gemüsebrühe (Gemüsesuppe)
200 g	Kartoffeln, dünne Scheiben
1 TL	frischer Ingwer, fein gehackt
500 g	Kürbis (Hokkaido-, Muskat-, Butternusskürbis), kleine Würfel
200 g	Lauch, dünne Streifen
200 g	Tomaten, abgezogen, Stücke
100 g	Sojasprossen
	Salz
	Pfeffer
2 TL	Zitronensaft
½ Bund	frischer Koriander, fein gehackt

1. Öl in einem beschichteten oder gusseisernen Topf erhitzen. Zwiebel darin bei milder Hitze weich und glasig dünsten, Sojasauce dazugeben, alles unter Rühren kurz erhitzen.
2. Mit Gemüsebrühe aufgießen, Kartoffeln und Ingwer dazugeben. Suppe zum Kochen bringen, 10 Minuten köcheln lassen.
3. Kürbis, Lauch und Tomaten dazugeben, nochmals ca. 5 Minuten köcheln lassen. Der Kürbis soll weich sein, darf aber nicht zerfallen.
4. Sojasprossen unterrühren, einen Moment erhitzen, nicht kochen lassen.
5. Suppe mit Salz, Pfeffer und Zitronensaft abschmecken, mit Koriander bestreuen.

Pro Portion 262 kcal, 8 g E, 6 g F, 42 g KH, 0 mg Chol

Herbstsuppe mit Paprika-Croûtons oder Pilz-Topping (siehe Seite 68)

Paprika-Croûtons

Für 2 Portionen

2 Stk.	rote Paprikaschoten
	Salz

1. Backofen auf 200 °C (Umluft 180 °C) vorheizen.
2. Paprikas längs halbieren, Stielansatz und Kerne entfernen. Paprikas nebeneinander auf ein kleines Backblech legen, im vorgeheizten Ofen 20 Minuten garen.
3. Paprikas in kleine Stücke schneiden, leicht salzen.

Pro Portion 30 kcal, 2 g E, 0 g F, 4 g KH, 0 mg Chol

Suppen und Eintöpfe

Kokoswürzige Selleriesuppe

Für 2 Portionen

1,3 l	Gemüsebrühe (Gemüsesuppe)
100 ml	Kokosmilch
1 Stk.	kleine Zwiebel, fein gehackt
2 Stk.	Knoblauchzehen, fein gehackt
300 g	mehlige Kartoffeln, kleine Stücke
400 g	Knollensellerie, kleine Stücke
1 TL	Ingwer, geschält, fein gehackt
1 Stk.	Bio-Zitronenschale (2 cm x 3 cm)
1 Prise	Muskatnuss, frisch gerieben
1 EL	Zitronensaft
	Pfeffer
	Salz
1 Bund	Schnittlauch, feine Röllchen

1. Gemüsebrühe mit Kokosmilch, Zwiebel und Knoblauch zum Kochen bringen. Zugedeckt ca. 10 Minuten köcheln lassen.
2. Kartoffeln, Sellerie, Ingwer, Zitronenschale und Muskat dazugeben, zugedeckt ca. 10 Minuten köcheln lassen, bis Kartoffeln und Sellerie weich sind.
3. Suppe mit dem Mixstab fein pürieren, mit Zitronensaft, Salz und Pfeffer abschmecken.
4. Schnittlauch untermischen, mit dem Mixstab nochmals nur 1 Sekunde pürieren.

Pro Portion 261 kcal, 9 g E, 10 g F, 33 g KH, 0 mg Chol

Sellerie-Kokos-Suppe mit Sprossen-Topping (siehe Seite 73)

Suppen und Eintöpfe

Pilz-Frühlingszwiebel-Suppe *mit Basilikum*

Für 2 Portionen

1,4 l	Gemüsebrühe (Gemüsesuppe)
400 g	mehlige Kartoffeln, kleine Stücke
6 Stk.	Frühlingszwiebeln, feine Ringe
500 g	Champignons, dünne Scheiben
1 Stk.	Bio-Zitronenschale (2 cm x 3 cm)
1 Prise	Muskatnuss, frisch gerieben
1 TL	Zitronensaft
1 gr. Bd.	Basilikum, geschnitten
4 EL	Soja- oder Mandelsahne
	Salz
	Pfeffer

1. Gemüsebrühe mit den Kartoffeln zum Kochen bringen, ca. 10 Minuten köcheln lassen.
2. Frühlingszwiebeln, Champignons, Zitronenschale und Muskat untermischen, Suppe zugedeckt ca. 7 Minuten köcheln lassen.
3. Sojasahne, Basilikum und Zitronensaft dazugeben. Suppe mit dem Mixstab fein pürieren, mit Salz und Pfeffer abschmecken.

Pro Portion 283 kcal, 16 g E, 8 g F, 37 g KH, 0 mg Chol

Pilz-Frühlingszwiebel-Suppe mit Sprossen-Topping

Sprossen-Topping

Für 2 Portionen

4 EL	Sprossen (Alfalfa, Radieschen, Linsen)
2 EL	frische Kräuter, fein gehackt (Petersilie, Basilikum)
1 Stk.	Frühlingszwiebel, feine Ringe
1 EL	Zitronensaft

Sprossen, Kräuter, Frühlingszwiebel und Zitronensaft vermischen.

Pro Portion 12 kcal, 1 g E, 0 g F, 2 g KH, 0 mg Chol

Suppen und Eintöpfe

Rote-Bete-Suppe mit Cranberrys

Für 2 Portionen

1 EL	Öl
1 Stk.	Zwiebel, fein gehackt
1 Prise	Muskatnuss, frisch gerieben
1,2 l	Gemüsebrühe (Gemüsesuppe)
400 g	rote Bete (Rote Rüben), kleine Stücke
200 g	mehlige Kartoffeln, kleine Stücke
1 TL	frischer Ingwer, fein gehackt
1 Stk.	Bio-Zitronenschale (2 x 3 cm)
2 EL	getrocknete Cranberrys
1 EL	Zitronensaft
	Salz
	Pfeffer
½ Bund	frischer Koriander, fein gehackt
2 EL	Soja- oder Mandelsahne

1. Öl in einem beschichteten Topf erhitzen. Zwiebel darin zuerst weich dünsten, dann unter Rühren goldgelb braten. Muskat dazugeben, kurz anrösten.
2. Mit Gemüsebrühe aufgießen. Suppe zum Kochen bringen. Rote Bete, Kartoffeln, Ingwer und Zitronenschale dazugeben, 12 Minuten köcheln lassen.
3. Cranberrys dazugeben, nochmals ca. 5 Minuten köcheln lassen.
4. Zitronensaft unterrühren. Suppe fein pürieren. Mit Salz, Pfeffer und Muskat abschmecken.
5. Mit Sojasahne und Koriander garnieren.

Pro Portion 264 kcal, 9 g F, 7 g E, 37 g KH, 0 mg Chol

Rote Bete-Suppe mit Karotten-Zitronen-Dip und Sprossen-Topping (siehe Seite 73)

Karotten-Zitronen-Dip

Für 4 Portionen

150 g	Karotten, dünne Scheiben
150 ml	Gemüsebrühe (Gemüsesuppe)
1 Stk.	Bio-Zitronenschale (2 cm x 3 cm)
1 EL	Cashewmus oder Öl
2 EL	Zitronensaft
	Salz
	Pfeffer

1. Karotten mit Gemüsebrühe und Zitronenschale zum Kochen bringen. Sobald die Karotten weich sind, sollen noch ca. 3 EL Garflüssigkeit, im Topf geblieben sein. Bei Bedarf wenig Gemüsebrühe dazugeben.
2. Mit dem Mixstab Karotten, Garflüssgkeit, Zitronenschale, Cashewmus und Zitronensaft zu einer glatten Creme verarbeiten, mit Salz und Pfeffer abschmecken.

Pro Portion 27 kcal, 1 g E, 2 g F, 2 g KH, 0 mg Chol

Suppen und Eintöpfe

Brokkoli-Topinambur-Suppe

Für 2 Portionen

1 EL	Öl
1 Stk.	Zwiebel, fein gehackt
1 Prise	Muskatnuss, frisch gerieben
¼ TL	Kümmel, zerstoßen
1,5 l	Gemüsebrühe (Gemüsesuppe)
1 TL	Liebstöckel
300 g	Topinambur, kleine Stücke
100 g	mehlige Kartoffeln, kleine Stücke
400 g	Brokkoli, kleine Röschen
4 EL	Soja- oder Mandelsahne
½ Bund	Petersilie, fein gehackt

1. Öl in einem beschichteten oder gusseisernen Topf erhitzen. Zwiebel darin bei milder Hitze weich und glasig dünsten. Muskat und Kümmel dazugeben, unter Rühren kurz anrösten.
2. Mit Gemüsebrühe aufgießen, mit Liebstöckel würzen, zum Kochen bringen. Topinambur und Kartoffeln dazugeben, zugedeckt 8 Minuten köcheln lassen.
3. Brokkoli unterrühren. Die Suppe nochmals 6 Minuten zugedeckt köcheln lassen, Sojasahne dazugeben. Suppe mit dem Mixstab fein pürieren, mit Petersilie bestreut servieren.

Pro Portion 264 kcal, 13 g E, 12 g F, 24 g KH, 0 mg Chol

Brokkoli-Topinambur-Suppe
mit Tomaten-Minze-Topping mit Chia

Tomaten-Minze-Topping *mit Chia*

Für 2 Portionen

1 TL	Chiasamen (oder Sesam)
1 Stk.	Tomate, kleine Würfel
1 EL	frische Minze, fein geschnitten
	Salz

1. Eine beschichtete oder gusseiserne Pfanne (ohne Öl) erhitzen. Chiasamen darin kurz unter Rühren anrösten.
2. Tomaten, Chiasamen und Minze vermischen. Topping mit Salz abschmecken.

Pro Portion 29 kcal, 1 g E, 2 g F, 3 g KH, 0 mg Chol

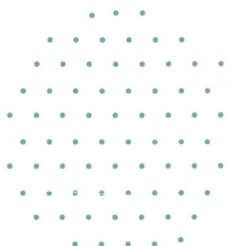

Suppen und Eintöpfe

Blumenkohl-Kürbis-Suppe *mit Vanille*

Für 2 Portionen

1 EL	Öl
1 Stk.	Zwiebel, fein gehackt
1 Prise	Muskatnuss, frisch gerieben
1,2 l	Gemüsebrühe (Gemüsesuppe)
1 Stk.	Bio-Zitronenschale (2 x 3 cm)
400 g	Blumenkohl (Karfiol), kleine Röschen
500 g	Muskat-, Hokkaido- oder Butternusskürbis, kleine Stücke
¼ TL	Bourbonvanille, gemahlen
5 EL	Soja- oder Mandelsahne
	Salz
	Pfeffer
4 EL	Petersilie, fein gehackt

1. Öl in einem beschichteten oder gusseisernen Topf erhitzen. Zwiebel darin bei milder Hitze weich und glasig dünsten. Muskat dazugeben, unter Rühren kurz anrösten. Mit Gemüsebrühe aufgießen, Zitronenschale dazugeben, zum Kochen bringen und zugedeckt 5 Minuten köcheln lassen.
2. Blumenkohl und Kürbis unterrühren, mit Vanille würzen, zugedeckt ca. 8 Minuten köcheln lassen.
3. Sojasahne dazugeben. Suppe mit dem Mixstab fein pürieren, mit Salz und Pfeffer abschmecken, mit Petersilie bestreuen.

Pro Portion 253 kcal, 10 g E, 14 g F, 21 g KH, 0 mg Chol

Blumenkohl-Kürbis-Suppe
mit Tomaten-Minze-Topping mit Chia (siehe Seite 76)

Suppen und Eintöpfe

Wirsing-Topinambur-Suppe

Für 2 Portionen

1 EL	Öl
1 Stk.	Zwiebel, fein gehackt
¼ TL	Fenchelsamen, zerstoßen
¼ TL	Kümmel, zerstoßen
4 Stk.	Pimentkörner, zerstoßen
1 Prise	Muskatnuss, frisch gerieben
1,2 l	Gemüsebrühe (Gemüsesuppe)
100 g	Kartoffeln, kleine Stücke
300 g	Topinambur, kleine Stücke
400 g	Wirsing, feine Streifen
1 Stk.	Bio-Zitronenschale (2 x 3 cm)
5 EL	Soja- oder Mandelsahne
1 TL	Zitronensaft
	Salz
	Pfeffer
4 EL	Petersilie, fein gehackt

1. Öl in einem beschichteten oder gusseisernen Topf erhitzen. Zwiebel darin weich und glasig dünsten. Fenchel, Kümmel, Piment und Muskat dazugeben, unter Rühren kurz anrösten.
2. Gemüsebrühe und Kartoffeln dazugeben, zum Kochen bringen.
3. Topinambur unterrühren, zudeckt 7 Minuten köcheln lassen. Wirsing und Zitronenschale dazugeben, weitere 5 Minuten köcheln lassen. Das Gemüse soll weich sein, darf aber nicht zerfallen.
4. Mit dem Mixstab die Suppe mit Sojasahne und Zitronensaft fein pürieren, mit Salz und Pfeffer abschmecken, mit Petersilie bestreut servieren.

Pro Portion 256 kcal, 12 g E, 14 g F, 20 g KH, 0 mg Chol

Wirsing-Topinambur-Suppe mit Kürbis-Croûtons

Kürbis-Croûtons

Für 2 Portionen

300 g	Muskat- oder Hokkaidokürbis, kleine Würfel
½ TL	Koriandersamen, fein zerstoßen
	Salz

1. Backofen auf 200 °C (Umluft 180 °C) vorheizen. Backblech mit Backpapier belegen.
2. Kürbis und Koriander vermischen, auf dem Backpapier verteilen, im vorgeheizten Ofen ca. 20 Minuten weich braten, dabei einmal umdrehen. Kürbis-Croûtons leicht salzen

Pro Portion 38 kcal, 2 g E, 0 g F, 7 g KH, 0 mg Chol

Suppen und Eintöpfe

Misosuppe mit Karotten, Rettich, Lauch und Tofu

Für 2 Portionen

1,6 l	schwach gesalzene Gemüsebrühe (Gemüsesuppe)
200 g	Kartoffeln, dünne Scheiben
200 g	Karotten, dünne Scheiben
150 g	weißer Rettich oder Kohlrabi, feine Streifen
150 g	Lauch, feine Streifen
200 g	Tofu, kleine Würfel
1 TL	frischer Ingwer, geschält, fein gehackt
4–5 EL	Gersten- oder Reismiso
2 EL	Petersilie, fein gehackt
2 stk.	Frühlingszwiebeln, feine Ringe
2 TL	Sesam, geröstet

1. Gemüsebrühe zum Kochen bringen. Kartoffeln in die Suppe geben, 5 Minuten kochen lassen.
2. Karotten, weißen Rettich, Lauch, Tofu und Ingwer in die Suppe geben, in ca. 5 Minuten weich mit Biss köcheln lassen.
3. Miso mit 3 EL Wasser glatt rühren. Suppe vom Herd nehmen. Miso unterrühren.
4. Frühlingszwiebeln untermischen. Misosuppe mit Petersilie und Sesam bestreuen.

Pro Portion 295 kcal, 19 g E, 12 g F, 26 g KH, 0 mg Chol

Miso

Die Paste aus fermentierten Sojabohnen und Getreide ist eine ideale Zutat für die schlanke Basenküche. Denn diese traditionelle japanische Suppengrundlage ist ein Naturprodukt, vitalstoffreich und fettarm. Verschiedene Misosorten von sehr mild bis sehr würzig gibt es in Naturkost- und Asiageschäften.

Gemüse- und

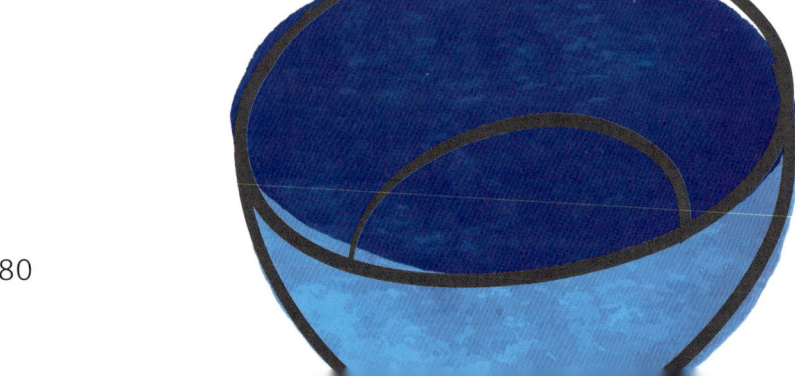

Kartoffelgerichte
One-Pot-Rezepte

Grüner Spargel *aus dem Päckchen*

Für 2 Portionen

1 kg	grüner Spargel
1 TL	Olivenöl
	Salz
	Bratenfolie oder Backpapier

1. Backofen auf 200 °C (Umluft 180 °C) vorheizen.
2. Grüner Spargel muss nicht geschält werden, nur die trockenen Enden etwas abschneiden.
3. Spargel dünn mit Olivenöl bestreichen, leicht salzen, portionsweise in Bratenfolie verschließen, auf den Rost legen (mittlere Schiene), im vorgeheizten Ofen 20 Minuten garen.

Pro Portion 94 kcal, 8 g E, 3 g F, 8 g KH, 0 mg Chol

300 KALORIEN BOWL

Grüner Spargel mit Aprikosen-Karotten-Topping und Knusperkartoffeln (siehe Seite 34)

Aprikosen-Karotten-Topping

Für 2 Portionen

Schmeckt auch mit Mango, Pfirsich, Melonen, Mandarinen und Birnen!

150 g	reife Aprikosen, kleine Würfel
150 g	Karotten, geraspelt
1 Stk.	Frühlingszwiebel, feine Ringe
150 ml	Orangensaft, frisch gepresst
1 EL	Zitronensaft
2 EL	frischer Koriander oder frische Petersilie, fein gehackt
	Salz
	Pfeffer

1. Aprikosen, Karotten, Frühlingszwiebeln, Orangen-, Zitronensaft und Koriander vermischen.
2. Topping mit Salz und Pfeffer abschmecken.

Pro Portion 46 kcal, 1 g E, 0 g F, 9 g KH, 0 mg Chol

EINFACHHEIT IST TRUMPF

Ein gesamtes Hauptgericht in einer Schüssel serviert, das ist eine ganz neue kulinarische Erfahrung, und man kann sich echt daran gewöhnen. Vor allem, wenn man festgestellt hat, wie gering der Arbeitsaufwand sowohl vor als auch nach dem Essen ist. Zum Beispiel Paprikas, Knoblauch, Karotten und Kartoffeln gemeinsam auf einem Backblech im Backofen braten. Aus Paprikas, Knoblauch und Gewürzen eine pikante Sauce mixen. Karotten und Ofenkartoffeln damit anrichten. Obenauf als frischen Farbklecks das Tomaten-Sellerie-Topping (S. 103) geben und fertig ist die Basen-Bowl!

GEMEINSAM IN EINEM TOPF – ONE-POT-REZEPTE

Beim Heilsamen Basenfasten gehört zum Gemüsegericht immer eine sättigende Kartoffelbeilage. Für die Basen-Bowls werden Gemüse und Kartoffeln praktischerweise gemeinsam gegart. Das kann in einem Topf sein, wie beim Spanischen Schmortopf mit grünen Bohnen und Tomaten (S. 97). Aber auch Pfannengerichte stehen auf dem Speiseplan, so werden zum Beispiel kleine Blumenkohlröschen auf einem Bett von Kartoffelscheiben gegart. Sogar der Römertopf, der gerade wiederentdeckt wird, kommt zum Einsatz bei diesen Hauptgerichten. Ganze Kartoffeln und Kohlrabi werden darin geschmort. Die Kartoffeln zu Püree gestampft und dieses in die Bowl gelöffelt, darauf feine Kohlrabischeiben geschichtet und alles mit einer saftigen Apfel-Trauben-Salsa (S. 96) gekrönt.

MEHR WÜRZEN, WENIGER SALZEN

Eingelagertes Wasser wird ausgeschwemmt und der Blutdruck gesenkt, wenn Sie Speisen nur minimal oder gar nicht salzen. Den Wohlgeschmack beeinträchtig das nicht, zum einen haben frisches Gemüse und Obst einen feinen Eigengeschmack, zum anderen steht Ihnen die gesamte Welt der Kräuter, Gewürze und natürlichen Würzmittel zur Verfügung. Legen Sie sich einen kleinen Gewürzvorrat an, ganze Muskatnüsssse, Koriander, Kumin, Zimt, Kardamom, Liebstöckel, edelsüßes Paprikapulver, Fenchelsamen, Lorbeerblätter. Ingwerknollen und Bio-Zitronen bringen frisches Prickeln ins Essen und lagern im Kühlschrank. Weiterer Vorteil dieser natürlichen Aromaspender: Sie haben praktisch keine Kalorien, fördern die Verdauung und bringen ganz geschmackvoll schützende Biostoffe ins Essen.

TOPPINGS – GEMÜSE MIT DEM GEWISSEN EXTRA

Wie mögen wir unser Essen? Es soll farbenfroh sein, appetitlich duften, ein angenehmes Mundgefühl erzeugen, Hartes und Weiches, Gegartes und Rohes enthalten, selbstverständlich gut schmecken und für ein wohliges Bauchgefühl sorgen. Auch wenn wir es selten so detailliert aussprechen, wir haben ziemlich hohe Ansprüche an unser Essen. Damit auch die Speisen beim Heilsamen Basenfasten diesem gerecht werden, kombiniere ich für die 300-Kalorien-Basen-Bowls etliche Gemüsegerichte, Suppen oder Salate mit Toppings. Für diese werden frisches Gemüse und Früchte sehr fein geschnitten oder geraspelt, mit Kräutern, Sprossen, Gewürzen und Zitrussäften vermischt und über dem Gemüse-Kartoffel-Gericht verteilt. Ob Aprikosen-Karotten-Topping (S. 82), Birnen-Spinat- (S. 101) oder Rote-Bete-Radicchio-Sprossen-Topping (S. 89), alle sind sie das Werk von wenigen Minuten. Aber so einfach die Zubereitung auch ist, dieses kleine gewisse Extra bringt die Komplexität in die Basen-Bowls, die wir uns für unser Essen wünschen: noch mehr Farbe, noch mehr frischen Duft und eine ausgewogene Mischung von Knackigem und Weichem. Für das angenehme Bauchgefühl sorgen die veganen basischen Speisen sowieso.

HEILSAMES BASENFASTEN BEI LAKTOSEINTOLERANZ, ZÖLIAKIE, GLUTENUNVERTRÄGLICHKEIT UND LEBENSMITTELALLERGIEN

Für Menschen mit Laktoseintoleranz ist das Heilsame Basenfasten ideal, denn alle Speisen sind vegan. Auch wenn Sie von Zöliakie oder Glutenunverträglichkeit betroffen sind, kommt Ihnen dieses basische Abnehmprogramm sehr entgegen. Getreideprodukte gibt es nur zum Frühstück und Sie können diese Rezepte mit glutenfreien Reis- oder Hirseflocken zubereiten. Mittags und abends enthalten die Speisen keinerlei Getreide.

Bei Allergien gegen Soja gibt es alternative pflanzliche Milchprodukte aus Reis, Hafer oder Mandeln, damit wird dann zum Frühstück das Porridge zubereitet. In diesem Buch mit über 100 Rezepten enthalten nur fünf Tofu. Auch ohne diese ist das Heilsame Basenfasten sehr abwechslungsreich.

Sie sind gegen eine bestimmte Nuss allergisch? Tauschen Sie sie gegen eine andere aus oder lassen Sie die wenigen Nüsschen, die über das Essen gestreut werden, weg. Suppen und Saucen können Sie mit Pflanzensahne statt mit Nussmus verfeinern. Wenn Sie eine bestimmte Gemüsesorte oder Frucht nicht vertragen, ersetzen Sie sie einfach durch in der Konsistenz ähnliche.

Kürbis *mit fruchtiger Tomatensauce*

Für 2 Portionen

600 g	Hokkaidokürbis, 8 mm Scheiben
300 g	festkochende Bio-Kartoffeln, 8 mm Scheiben
3 Stk.	Tomaten, halbiert
1 Stk.	Apfel, halbiert
1 Stk.	kleine Zwiebel, Spalten
2 TL	Zitronensaft
1 TL	Öl
	Salz
	Pfeffer

1. Backofen auf 200 °C (Umluft 180 °C) vorheizen.
2. Backblech mit Backpapier belegen. Kürbis, Kartoffeln, Tomaten, Apfel und Zwiebel nebeneinander darauf legen. (Wenn nicht alles auf ein Blech passt, zweites Blech nehmen und Umluft verwenden).
3. Nach ca. 10 Minuten Kürbis einmal umdrehen. Nach 20 Minuten Tomaten, Apfel und Zwiebel aus dem Ofen nehmen. Wenn notwendig, Kürbis und/oder Kartoffeln noch etwas garen.
4. Apfel in Stücke schneiden. Tomaten abziehen. Mit dem Mixstab Apfel, Tomaten, die Hälfte der Zwiebel, Zitronensaft und Öl zu einer glatten Sauce pürieren. Fruchtige Tomatensauce mit Salz und Pfeffer abschmecken.
5. Kürbis, restliche Zwiebel und Kartoffeln mit der fruchtigen Tomatensauce portionsweise anrichten.

Pro Portion 276 kcal, 8 g E, 4 g F, 50 g KH, 0 mg Chol

Kürbis mit fruchtiger Tomaten-Sauce (siehe Seite 86) und Zucchini-Minze-Topping

Zucchini-Minze-Topping

Für 2 Portionen

200 g	Zucchini, grob geraspelt
1 Stk.	Frühlingszwiebel, feine Ringe
1 EL	Minze, fein geschnitten
½ Bund	Petersilie, fein geschnitten
2 EL	Zitronensaft
	Salz
	Pfeffer

1. Zucchini, Frühlingszwiebel, Minze, Petersilie und Zitronensaft vermischen.
2. Topping mit Salz und Pfeffer abschmecken.

Pro Portion 35 kcal, 2 g E, 1 g F, 5 g KH, 0 mg Chol

Gemüse- und Kartoffelgerichte – One-Pot-Rezepte

Pilztopf mit Paprika und Fenchel

Für 2 Portionen

1 EL	Olivenöl
1 Stk.	Zwiebel, fein gehackt
400 g	festkochende Kartoffeln, ½ cm Scheiben
2 Stk.	Knoblauchzehen, fein gehackt
1 Stk.	rote Paprikaschote, dünne Streifen
1 Stk.	Fenchelknolle, dünne Streifen
150 ml	Gemüsebrühe (Gemüsesuppe)
250 g	Champignons, Scheiben
	Salz
200 g	geschälte Tomaten, Stücke (Dose/Tetra Pak)
½ TL	Thymian, getrocknet
½ TL	Basilikum, getrocknet
	Pfeffer
	Salz
4 EL	frische Petersilie, fein gehackt

1. Olivenöl in einem beschichteten oder gusseisernen Topf erhitzen. Zwiebel darin bei milder Hitze weich und glasig dünsten.
2. Kartoffeln, Knoblauch, Paprika und Fenchel dazugeben, leicht salzen und unter Rühren kurz anbraten.
3. Gemüsebrühe dazugeben. Alles zugedeckt 20 Minuten bei milder Hitze schmoren.
4. Champignons und Tomaten untermischen, mit Thymian, Basilikum, Salz und Pfeffer, würzen.
5. Alles 15 Minuten bei schwacher Hitze zugedeckt schmoren lassen. Dabei ab und zu umrühren. Die Pilze entwickeln so eine aromatische Sauce. Bei Bedarf wenig Gemüsebrühe dazugeben.
6. Mit Salz und Pfeffer abschmecken, Petersilie unterrühren.

Pro Portion 299 kcal, 13 g E, 7 g F, 45 g KH.

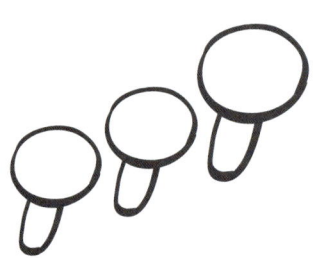

Braune Champignons bringen intensives Pilzaroma!

Das Aroma der Sauce ist den Pilzen zu verdanken. Damit das Rezept funktioniert, müssen Kartoffeln, Pilze und Gemüse bei milder Hitze langsam schmoren. Um ausreichend Flüssigkeit entwickelt werden kann, wird ein Topf mit gut schließendem Deckel benötigt.

Gemüse- und Kartoffelgerichte – One-Pot-Rezepte

Blumenkohl *im Kartoffelbett*

Für 2 Portionen

1 EL	Olivenöl
1 Stk.	Zwiebel, fein gehackt
400 g	Kartoffeln, 3 mm Scheiben
1 Prise	Muskatnuss, frisch gerieben
200 ml	Gemüsebrühe (Gemüsesuppe)
400 g	Blumenkohl (Karfiol), sehr kleine Röschen
¼ TL	Koriandersamen, zerstoßen
½ TL	Fenchelsamen, zerstoßen

1. Olivenöl in einer großen beschichteten oder gusseisernen Pfanne erhitzen. Zwiebel darin bei milder Hitze weich dünsten, aus der Pfanne nehmen.
2. Kartoffeln auf dem Pfannenboden verteilen, mit Muskat würzen, mit Gemüsebrühe aufgießen.
3. Blumenkohl und Zwiebel in einer Schicht auf den Kartoffeln verteilen, mit Salz, Pfeffer, Koriander- und Fenchelsamen würzen. Einen gut schließenden Deckel auf die Pfanne geben. Kartoffeln und Blumenkohl 15 Minuten schmoren. Bei Bedarf noch wenig Gemüsebrühe angießen. Sobald die Kartoffeln und der Blumenkohl gar sind, soll die Brühe ganz verkocht sein.
4. Blumenkohl im Kartoffelbett mit dem Rote-Bete-Radicchio-Sprossen-Topping anrichten.

Pro Portion 253 kcal, 10 g E, 6 g F, 38 g KH, 0 mg Chol .

300 KALORIEN BOWL

Blumenkohl im Kartoffelbeet mit Rote-Bete-Radicchio-Sprossen-Topping

Rote-Bete-Radicchio-Sprossen-Topping

Für 2 Portionen

100 g	Rote Bete, geraspelt
2 EL	Zitronensaft
¼ Stk.	Radicchio, feine Streifen
4 EL	Sprossen (Alfalfa-, Radieschen-, Linsensprossen)
	Salz
	Pfeffer

1. Rote Bete und Zitronensaft vermischen.
2. Radicchio und Sprossen untermischen.
3. Topping mit Salz und Pfeffer abschmecken.

Pro Portion 40 kcal, 2 g E, 0 g F, 7 g KH, 0 mg Chol

Gemüse- und Kartoffelgerichte – One-Pot-Rezepte

Spinat-Blumenkohl-Kartoffel-Curry mit Kokosmilch

Für 2 Portionen

300 ml	Gemüsebrühe (Gemüsesuppe)
100 ml	Kokosmilch
1 Stk.	Zwiebel, fein gehackt
2 Stk.	Knoblauchzehen, fein gehackt
1 TL	frischer Ingwer, fein gehackt
1 TL	Currypulver
¼ Stk.	Bio-Zitrone, Schale abgerieben
400 g	Kartoffeln, dünne Scheiben
200 g	Blumenkohl, kleine Röschen
100 g	Spinat (auch TK-Blattspinat)
1 EL	Zitronensaft
1 Stk.	Tomate, kleine Würfel

1. Gemüsebrühe und Kokosmilch zum Kochen bringen. Zwiebel, Knoblauch, Ingwer, Currypulver und Zitronenschale dazugeben, zum Kochen bringen und 5 Minuten zugedeckt köcheln lassen.
2. Kartoffeln dazugeben, ca. 10 Minuten köcheln lassen.
3. Blumenkohl unterrühren 7 Minuten köcheln lassen.
4. Spinat untermischen und nur einen Moment erhitzen, bis die Blättchen zusammenfallen.
5. Curry mit Zitronensaft abschmecken, mit Tomatenwürfeln bestreuen.

Pro Portion 300 kcal, 11 g E, 18 g F, 39 g KH, 0 mg Chol

Es darf ein bisschen mehr sein!

Das Spinat-Blumenkohl-Kartoffel-Curry schmeckt zwar ganz für sich allein prima, aber mit einem Löffelchen Tomaten-Mango-Salsa (S. 50) oder Apfel-Trauben-Salsa (S. 96) lässt sich der Genuss noch steigern – und diese 50 Kalorien mehr fallen wirklich nicht ins Gewicht. Guten Appetit!

Gemüse- und Kartoffelgerichte – One-Pot-Rezepte

Gemüsepäckchen mit Kartoffeln

Für 2 Portionen

400 g	festkochende Kartoffeln, ½ cm Scheiben
200 g	Karotten, ½ cm Stifte
150 g	Brokkoli, kleine Röschen
4 Stk.	Frühlingszwiebeln, längs halbiert, Stücke
	Salz
½ Bund	Basilikum, fein geschnitten
2 Stk.	Bratfolie (à 40 cm) oder Backpapier

1. Backofen auf 200 ° C (Umluft 180 °C) vorheizen.
2. Kartoffeln, Karotten, Brokkoli und Frühlingszwiebeln mit Salz würzen, portionsweise in Bratenfolie verschließen.
3. Gemüsepäckchen auf dem Gitterrost (mittlere Schiene) im vorgeheizten Ofen ca. 25 Minuten braten.
4. Gemüse und Kartoffeln portionsweise anrichten, Tomatensauce mit Röstknoblauch darüber verteilen, mit Basilikum bestreuen.

Pro Portion 233 kcal, 6 g E, 6 g F, 38 g KH, 0 mg Chol

Gemüsepäckchen mit Kartoffeln und Tomatensauce mit Röstknoblauch

Tomatensauce mit Röstknoblauch

Für 2 Portionen

2 Stk.	Tomaten, halbiert
½ TL	Thymian, getrocknet
½ TL	Oregano, getrocknet
6 Stk.	Knoblauchzehen, ungeschält
1 TL	Olivenöl
	Salz
	Pfeffer

1. Tomaten mit der Schnittfläche nach oben auf ein kleines Blech setzen, mit Thymian und Oregano bestreuen. Ungeschälte Knoblauchzehen dazugeben.
2. Tomaten und Knoblauch im vorgeheizten Ofen (mit den Gemüsepäckchen) 20 Minuten garen
3. Tomaten abziehen, Knoblauch aus der Schale drücken. Tomaten, Knoblauch und Olivenöl mit dem Mixstab zu einer glatten Sauce pürieren und mit Salz und Pfeffer abschmecken.

Pro Portion 68 kcal, 2 g E, 3 g F, 8 g KH, 0 mg Chol

Gemüse- und Kartoffelgerichte – One-Pot-Rezepte

Würzige Süßkartoffeln *aus dem Ofen*

Für 2 Portionen

350 g	Süßkartoffeln, ½ cm dünne Scheiben
½ TL	Kumin, zerstoßen
½ TL	Koriandersamen, zerstoßen
	Salz

1. Backofen auf 200 °C (Umluft 180 °C) vorheizen.
2. Backblech mit Backpapier belegen, Süßkartoffeln nebeneinander darauf legen, mit Kumin und Koriander würzen, leicht salzen.
3. Süßkartoffeln im vorgeheizten Ofen insgesamt ca. 25 Minuten garen, nach 10 Minuten einmal umdrehen. (Tomaten und Knoblauch für die Sauce mit den Süßkartoffeln im Ofen garen)

Pro Portion 194 kcal, 3 g E, 1 g F, 42 g KH, 0 mg Chol

Süßkartoffeln aus dem Ofen dazu Tomatensauce mit Röstknoblauch (siehe Seite 92) und Champignon-Zucchini-Topping mit Basilikum

Champignon-Zucchini-Topping *mit Basilikum*

Für 2 Portionen

150 g	Zucchini, geraspelt
	Salz
	Pfeffer
3 EL	Orangensaft
150 g	Champignons, klein gewürfelt
½ Bund	Basilikum, fein geschnitten

1. Zucchini mit Salz, Pfeffer und Orangensaft vermischen, etwas Saft ziehen lassen.
2. Pilze und Basilikum untermischen.
3. Topping mit Salz und Pfeffer abschmecken.

Pro Portion 30 kcal, 4 g E, 1 g F, 3 g KH, 0 mg Chol

Gemüse- und Kartoffelgerichte – One-Pot-Rezepte

Spargel mit Kräuter-Nuss-Sauce und Kartoffel-Sellerie-Püree
Für 2 Portionen

300 g	mehlige Kartoffeln, kleine Stücke
100 g	Sellerie, kleine Stücke
700 ml	Gemüsebrühe (Gemüsesuppe)
1 Stk.	Bio-Zitronenschale (2 x 3 cm)
800 g	Spargel, weiß oder grün, Stücke
	Salz
	Pfeffer
¼ TL	Bourbonvanille, gemahlen
1 Prise	Muskatnuss, frisch gerieben
	Salz
	Pfeffer

Für die Sauce

1 Bund	Petersilie
2 EL	Cashewmus, Mandel- oder Haselnussmus
1–2 TL	Zitronensaft

1. Kartoffeln, Sellerie und Gemüsebrühe mit der Zitronenschale zum Kochen bringen. Zugedeckt ca. 10 Minuten köcheln lassen, bis die Kartoffeln weich sind. Kartoffeln und Sellerie in ein Sieb abgießen, Garflüssigkeit auffangen.
2. Garflüssigkeit zurück in den Topf geben, zum Kochen bringen. Spargel ca. 6 Minuten darin bissfest köcheln lassen.
3. Währenddessen Kartoffeln und Sellerie mit dem Kartoffelstampfer zu Püree verarbeiten, bei Bedarf wenig Garflüssigkeit dazugeben. Püree mit Vanille, Muskat, Salz und Pfeffer würzen.
4. Für die Sauce Petersilie, Cashewmus, Zitronensaft und 150 ml Garflüssigkeit mit dem Mixstab fein pürieren. Sauce mit Salz und Pfeffer abschmecken.
5. Püree portionsweise anrichten. Spargel mit dem Schaumlöffel aus dem Topf nehmen, auf das Püree geben. Sauce darüber verteilen.

Pro Portion 261 kcal, 13 g E, 7 g F, 31 g KH, 0 mg Chol

Spargel mit Kräuter-Nuss-Sauce und Kartoffel-Sellerie-Püree, darauf Kerbel-Karotten-Topping (siehe Seite 95)

Vanille pikant

Bourbonvanille ist weltweit das beliebteste Gewürz und verströmt nicht nur in Süßspeisen ihr einzigartiges Aroma. Auch Pikantes wie das Kartoffel-Sellerie-Püree oder die Blumenkohl-Kürbis-Suppe mit Vanille (S. 77) erhält durch Vanille einen besonderen kulinarischen Reiz.

Suppe und Hauptgericht aus einem Topf!

Auch mit einem zweigängigen Menü lässt sich hervorragend fasten. Genießen Sie zuerst die aromatische Garflüssigkeit als praktisch kalorienfreie Suppe, am besten mit frischen Kräutern bestreut, Spargel mit Kräuter-Nuss-Sauce und Kartoffel-Sellerie-Püree gibt es als zweiten Gang.
Wenn Sie die Garflüssigkeit als Suppe essen wollen, bereiten Sie dieses Rezept bevorzugt mit weißem Spargel zu.

Gemüse- und Kartoffelgerichte – One-Pot-Rezepte

Kerbel-Karotten-Topping

Für 2 Portionen

200 g	Karotten, grob geraspelt
1 EL	Zitronensaft
	Salz
	Pfeffer
½ Bund	Kerbel oder Rucola, zerpflückt

Karotten, Zitronensaft, Salz und Pfeffer vermischen. Kerbel unterheben.

Pro Portion 35 kcal, 0 g E, 0 g F, 6 g KH, 0 mg Chol

Blitzschnell zubereitet!

Grüner Spargel erfreut mit ausgeprägtem Aroma, hat pro 100 g nur 13 kcal und eignet sich bestens für blitzschnell zubereitete Fastenspeisen. Grüner Spargel muss nicht geschält werden, nur die trockenen Enden etwas abschneiden – und ab in den Topf!

Gemüse- und Kartoffelgerichte – One-Pot-Rezepte

Bratkohlrabi und Kartoffelpüree
aus dem Römertopf

Für 2 Portionen

400 g	Kohlrabi
400 g	mehlige Kartoffeln, geviertelt
150 ml	Gemüsebrühe
	Salz
2 EL	Petersilie, fein gehackt
100 ml	Soja- oder Mandeldrink, ungesüßt
1 EL	Öl
1 Prise	Muskatnuss, frisch gerieben

1. Römertopf 30 Minuten wässern.
2. Kohlrabi schälen und ganz lassen. Geschälte Kartoffelviertel und Kohlrabi mit der Gemüsebrühe in den Römertopf geben, Topf verschließen, in den kalten Ofen stellen. Ofen auf 200 ° C (Umluft 180 °) aufheizen. Kohlrabi und Kartoffeln 40–50 Minuten garen.
3. Kohlrabi in dünne Scheiben schneiden, leicht salzen, mit der Garflüssigkeit und Petersilie vermischen.
4. Sojadrink und Öl erhitzen. Kartoffeln und Sojadrink mit dem Kartoffelstampfer zu Püree verarbeiten. Kartoffelstampf mit Muskat und Salz abschmecken.
5. Kohlrabi und Kartoffelstampf portionsweise mit der Apfel-Trauben-Salsa anrichten.

Pro Portion 253 kcal, 10 g E, 6 g F, 37 g KH, 0 mg Chol

300 KALORIEN BOWL

Bratkohlrabi mit Kartoffelpüree und Apfel-Trauben-Salsa

Apfel-Trauben-Salsa

Für 2 Portionen

1 Stk.	kleiner, saftiger Apfel, klein gewürfelt
3 EL	Zitronensaft
50 g	blaue Trauben, halbiert
¼ Stk.	rote Zwiebel, fein gehackt
2 EL	Petersilie, gehackt

1. Apfel und Zitronensaft verrühren.
2. Trauben, Zwiebel und Petersilie untermischen.

Pro Portion 58 kcal, 1 g E, 0 g F, 12 g KH, 0 mg Chol

Gemüse- und Kartoffelgerichte – One-Pot-Rezepte

Spanischer Schmortopf
mit grünen Bohnen und Tomaten

Für 2 Portionen

1 EL	Olivenöl
1 Stk.	Zwiebel, fein gehackt
3 Stk.	Knoblauchzehen, gehackt
400 g	festkochende Kartoffeln, kleine Spalten
	Salz
600 ml	Gemüsebrühe (Gemüsesuppe)
1 Prise	Muskatnuss, frisch gerieben
2 Stk.	Lorbeerblätter
300 g	grüne Bohnen, längs halbiert, Stücke
300 g	geschälte Tomaten (Dose/Tetra Pak)
½ Bund	Petersilie, fein gehackt
	Salz
	Pfeffer

1. Öl in einem beschichteten oder gusseisernen Topf erhitzen, Zwiebel und Knoblauch darin zuerst bei milder Hitze weich und glasig dünsten, dann unter Rühren kurz anbraten.
2. Kartoffeln dazugeben, unter Rühren kurz anbraten, leicht salzen.
3. Mit Gemüsebrühe aufgießen, mit Muskat und Lorbeer würzen. Schmortopf zum Kochen bringen, ca. 15 Minuten zugedeckt köcheln lassen.
4. Bohnen dazugeben, ca. 8 Minuten zugedeckt köcheln lassen, die Bohnen sollen weich mit Biss sein.
5. Tomaten unterrühren, 5 Minuten köcheln lassen.
6. Schmortopf mit Salz und Pfeffer abschmecken, mit Petersilie bestreuen.

Pro Portion 288 kcal, 11 g E, 6 g F, 45 g KH, 0 mg Chol

Gumbo – kreolischer Schmortopf

300 KALORIEN BOWL

Für 2 Portionen

1 ½ EL	Öl
1 Stk.	Zwiebel, fein gehackt
2 EL	Sojasauce
2 Stk.	Knoblauchzehen, fein gehackt
1 Stk.	grüne Paprikaschote, kleine Würfel
1 Stk.	Bleichsellerie, kleine Würfel
400 g	festkochende Kartoffeln, kleine Würfel
400 ml	Gemüsebrühe
½ TL	Oregano, getrocknet
½ TL	Thymian, getrocknet
1 TL	Paprikapulver, edelsüß
	Chilipulver nach Geschmack
1 Prise	Muskatnuss, frisch gerieben
300 g	geschälte Tomaten, Würfel (Dose/Tetra Pak)
200 g	Zucchini, ½ cm Scheiben
½ EL	Zitronensaft
	Salz
	Pfeffer
2 EL	Petersilie, fein gehackt

1. Öl in einem flachen beschichteten oder gusseisernen Topf erhitzen. Zwiebel darin bei milder Hitze weich und glasig dünsten.
2. Sojasauce untermischen, unter Rühren kurz anbraten.
3. Knoblauch, Paprikaschote und Sellerie dazugeben, unter Rühren 2 Minuten braten.
4. Kartoffeln und Gemüsebrühe unterrühren, mit Oregano, Thymian, Paprika- und Chilipulver sowie Muskat würzen.
5. Gumbo zum Kochen bringen, ca. 12 Minuten köcheln lassen. Tomaten unterrühren, Gumbo 5 Minuten köcheln lassen.
6. Zucchini unterrühren, nochmals 2 Minuten köcheln lassen.
7. Gumbo mit Zitronensaft, Salz und Pfeffer abschmecken, mit Petersilie bestreuen.

Pro Portion 303 kcal, 11 g E, 7 g F, 47 g KH.

Gemüse- und Kartoffelgerichte – One-Pot-Rezepte

Würziger Wirsingtopf

Für 2 Portionen

1 EL	Öl
1 Stk.	Zwiebel, fein gehackt
400 g	Kartoffeln, Spalten
400 ml	Gemüsebrühe (Gemüsesuppe)
1 Prise	Muskatnuss, frisch gerieben
½ TL	Kümmel, zerstoßen
½ TL	Fenchelsamen, zerstoßen
300 g	Wirsing, feine Streifen
1 EL	Zitronensaft
½ Bund	Petersilie, fein gehackt
	Salz
	Pfeffer

1. Öl in einem beschichteten oder gusseisernen Topf erhitzen, Zwiebeln darin zuerst bei milder Hitze weich und glasig dünsten, dann unter Rühren kurz anbraten.
2. Kartoffeln, Muskat, Kümmel und Fenchel dazugeben, unter Rühren kurz anbraten. Mit der Gemüsebrühe aufgießen, zum Kochen bringen und zugedeckt ca. 18 Minuten köcheln lassen. Die Kartoffeln sollen weich und die Flüssigkeit fast verkocht sein.
3. Wirsing unterrühren. Alles zugedeckt ca. 5 Minuten dünsten.
4. Mit Zitronensaft, Salz und Pfeffer abschmecken. Petersilie unterrühren.

Pro Portion 256 kcal, 10 g E, 6 g F, 39 g KH, 0 mg Chol

Würziger Wirsingtopf mit Rettich-Sprossen-Topping oder Birnen-Spinat-Topping (siehe Seite 101)

Rettich-Sprossen-Topping

Für 2 Portionen

150 g	weißer Rettich, grob geraspelt
	Salz
1 EL	Zitronensaft
4 EL	Sprossen (Rettich-, Kresse-, Alfalfasprossen)

Rettich, Salz und Zitronensaft vermischen. Etwas Saft ziehen lassen, Sprossen untermischen.

Pro Portion 24 kcal, 2 g E, 0 g F, 3 g KH, 0 mg Chol

Gemüse- und Kartoffelgerichte – One-Pot-Rezepte

Birnen-Spinat-Topping

Für 2 Portionen

1 Stk.	saftige, säuerliche Birne, klein gewürfelt
1 EL	Zitronensaft
	Salz
	Pfeffer
50 g	Spinat
1 Stk.	Frühlingszwiebel, feine Ringe

1. Birne mit Zitronensaft, Salz und Pfeffer vermischen, etwas durchziehen lassen.
2. Spinat und Frühlingszwiebel untermischen.
3. Topping mit Salz und Pfeffer abschmecken.

Pro Portion 52 kcal, 1 g E, 0 g F, 11 g KH, 0 mg Chol

Gemüse- und Kartoffelgerichte – One-Pot-Rezepte

Gebratene Karotten *mit Paprikasauce*

Für 2 Portionen

500 g	Karotten, längs halbiert
2 Stk.	rote Paprikaschoten, kleine Spalten
1 EL	Olivenöl
4 Stk.	Knoblauchzehen
150 ml	Gemüsebrühe (Gemüsesuppe)
½ TL	Thymian, getrocknet
	Chilipulver nach Geschmack
	Salz

1. Backofen auf 200 ° C (Umluft 180 °C) vorheizen.
2. Backblech mit Backpapier belegen. Karotten und Paprika nebeneinander drauflegen, mit Olivenöl bestreichen. Die ganzen Knoblauchzehen dazugeben.
3. Karotten, Paprika und Knoblauch ca. 20 Minuten im vorgeheizten Ofen braten. Nach 10 Minuten einmal umdrehen.
4. Paprika in Stücke schneiden. Paprika, Knoblauch, Gemüsebrühe, Olivenöl, Thymian, Chili und Salz mit dem Mixstab zu einer glatten Sauce pürieren.
5. Karotten mit der Paprikasauce anrichten.

Pro Portion 149 kcal, 5 g E, 6 g F, 18 g KH, 0 mg Chol

Gebratene Karotten mit Paprikasauce, Ofenkartoffeln und Tomaten-Sellerie-Topping

Ofenkartoffeln

Für 2 Portionen

300 g	kleine Bio-Kartoffeln
	Salz

1. Backofen auf 200 ° C Ober- und Unterhitze (180 ° C Umluft) vorheizen.
2. Kartoffeln gut abbürsten (nicht schälen), längs durchschneiden, nebeneinander mit den Schnittflächen nach oben auf ein Backblech setzen.
3. Kartoffeln im vorgeheizten Ofen ca. 30 Minuten backen.
4. Für die Kombination mit Karotten- und Paprikasauce, die Kartoffeln zuerst 10 Minuten allein garen, dann Karotten und Paprikaschoten dazu legen.

Pro Portion 106 kcal, 3 g E, 0 g F, 22 g KH, 0 mg Chol

Gemüse- und Kartoffelgerichte – One-Pot-Rezepte

Tomaten-Sellerie-Topping

Für 2 Portionen

1 Stk.	Tomate, klein gewürfelt
50 g	Knollensellerie, geraspelt
2 EL	Zitronensaft
1 Stk.	Frühlingszwiebel, feine Ringe
2 EL	frische Kräuter, fein gehackt (Petersilie, Basilikum, Minze)
	Salz
	Pfeffer

1. Tomaten und Sellerie mit Zitronensaft und Salz vermischen.
2. Frühlingszwiebel und Kräuter unterrühren.

Pro Portion 34 kcal, 1 g E, 0 g F, 6 g KH, 0 mg Chol

2 Portionen auf einem Blech

Die Zutaten für gebratene Karotten mit Paprikasauce und Ofenkartoffeln: eine ganze Menge!

Gemüse- und Kartoffelgerichte – One-Pot-Rezepte

Cremige Pilz-Kartoffeln

Für 2 Portionen

400 g	fest kochende Kartoffeln, kleine Stücke
1 EL	Olivenöl
	Salz
	Pfeffer
1 Prise	Muskatnuss, frisch gerieben
5 EL	Gemüsebrühe (Gemüsesuppe)
2 Stk.	Lorbeerblätter
½ TL	Thymian, getrocknet
¼ Stk.	Bio-Zitrone, Schale abgerieben
500 g	kleine Champignons, halbiert
2 Stk.	Knoblauchzehen, fein gehackt
2 TL	Zitronensaft
2 EL	Soja- oder Mandelsahne
½ Bund	Petersilie, fein gehackt
	Salz
	Pfeffer

1. Backofen auf 200 °C (Umluft 180 °C) vorheizen.
2. Kartoffeln und Öl in einer flachen, ofenfesten Form vermischen, mit Salz, Pfeffer und Muskat würzen.
3. Kartoffeln im vorgeheizten Ofen 20 Minuten braten, dabei einmal umrühren.
4. Gemüsebrühe, Lorbeer, Thymian und Zitronenschale verrühren. Kartoffeln mit der Marinade, Champignons und Knoblauch vermischen. Die Form gut verschließen
4. Champignon-Kartoffeln im vorgeheizten Ofen 20 Minuten schmoren lassen, dabei bildet sich aromatischer Pilzsaft.
5. Champignon-Kartoffeln mit Zitronensaft, Sojasahne und Petersilie vermischen, mit Salz, Pfeffer und Muskat abschmecken.

Pro Portion 271 kcal, 12 g E, 9 g F, 34 g KH.

Champignon-Kartoffeln mit Radieschen-Rucola-Topping

Radieschen-Rucola-Topping

Für 2 Portionen

6 Stk.	Radieschen, feine Stifte
½ Bund	Rucola
1 Stk.	Frühlingszwiebel, feine Ringe
	Salz
	Pfeffer

Radieschen, Rucola, Frühlingszwiebeln vermischen, leicht salzen.

Pro Portion 12 kcal, 1 g E, 0 g F, 2 g KH.

Gemüse- und Kartoffelgerichte – One-Pot-Rezepte

Beim Schmoren im Ofen …

… bildet sich reichlich aromatischer Pilzsaft

Gemüse- und Kartoffelgerichte – One-Pot-Rezepte

Brokkoli, Karotten und Lauch *mit Basilikum*

Für 2 Portionen

½ EL	Öl
100 g	Lauch, feine Streifen
100 g	Karotten, feine Stifte
400 g	Brokkoli, kleine Röschen
¼ TL	Thymian, getrocknet
¼ Tl	Oregano, getrocknet
	Salz
	Pfeffer
150 ml	Gemüsebrühe (Gemüsesuppe)
½ Bund	Basilikum, fein geschnitten

1. Für die 300 kcal Basenbowl in einer großen, beschichteten Pfanne zuerst die Kartoffelrösti braten und im Ofen fertig garen (siehe Seite 107.)
2. Währenddessen das Öl in der Pfanne erhitzen. Lauch, Karotten und Brokkoli darin unter Rühren kurz anbraten, mit Thymian, Oregano, Salz und Pfeffer würzen.
3. Mit der Gemüsebrühe aufgießen, zugedeckt ca. 6 Minuten dünsten. Das Gemüse soll bissfest und die Garflüssigkeit verkocht sein. Gemüse mit Basilikum bestreuen

Pro Portion 106 kcal, 8 g E, 3 g F, 11 g KH, 0 mg Chol

Brokkoli, Karotten und Lauch mit Gazpacho-Topping und Knusperkartoffeln (siehe Seite 34)

Gazpacho-Topping

Für 2 Portionen

200 g	Tomaten, klein gewürfelt
	Salz
	Pfeffer
150 g	Gurken, klein gewürfelt
1 Stk.	Frühlingszwiebel, feine Ringe
1 Stk.	Knoblauchzehe, fein gehackt
1 Zweig	Minze, fein geschnitten

1. Tomaten mit Salz und Pfeffer vermischen, etwas Saft ziehen lassen.
2. Gurken, Frühlingszwiebel, Knoblauch und Minze untermischen. Topping mit Salz und Pfeffer abschmecken.

Pro Portion 35 kcal, 2 g E, 0 g F, 6 g KH, 0 mg Chol

Gemüse- und Kartoffelgerichte – One-Pot-Rezepte

Kohlrabi, Spinat und Sprossen *mit Asia-Sauce und Sesam*

Für 2 Portionen

1 EL	Öl
1 Stk.	Knoblauchzehe, fein gehackt
2 Stk.	Kohlrabi, 3 mm dünne Scheiben
100 g	Sojasprossen
200 g	junger Spinat
2 TL	Sesam, geröstet
1 Stk.	Frühlingszwiebel, feine Ringe

Für die Sauce

2 EL	Sojasauce
2 EL	kalte Gemüsebrühe (Gemüsesuppe)
1 TL	frischer Ingwer, gehackt
1 TL	Rosinen, gehackt
	Chilipulver nach Geschmack
½ TL	Kartoffelstärke

1. Für die 300-Kalorien-Basenbowl in einer großen, beschichteten Pfanne zuerst die Kartoffelrösti braten und im Ofen fertig garen (siehe unten stehendes Rezept).
2. In dieser Zeit Sojasauce, Gemüsebrühe, Ingwer, Rosinen, Chili und Kartoffelstärke glatt rühren.
3. Öl in der Pfanne erhitzen. Knoblauch darin kurz anbraten. Kohlrabi dazugeben, leicht salzen, unter Rühren 4 Minuten braten. Sprossen untermischen, unter Rühren kurz braten.
4. Spinat untermischen, unter Rühren nur solange erhitzen, bis der Spinat zusammenfällt.
5. Saucenmischung unterrühren, kurz aufkochen lassen, bis die Sauce bindet.
6. Gemüse mit Frühlingszwiebeln und Sesam bestreuen.

Pro Portion 124 kcal, 7 g E, 7 g F, 8 g KH, 0 mg Chol

Sesam in einer beschichteten Pfanne kurz unter Rühren erhitzen. Sobald die Körnchen hochspringen, Pfanne vom Herd nehmen. Am besten gleich eine größere Menge zubereiten!

Wie man Sesam röstet...

Kohlrabi, Spinat und Sprossen und Kartoffel-Rösti

300 KALORIEN BOWL

Kartoffelrösti

Für 2 Portionen

400 g	fest kochende Kartoffeln, grob geraspelt
	Salz
	Pfeffer
½ EL	Olivenöl

1. Backofen auf 200 °C (Umluft 180 °C) vorheizen. Backblech mit Backpapier belegen.
2. Kartoffeln ausdrücken, mit Salz und Pfeffer vermischen. Beschichtete Pfanne mit Öl ausstreichen. Aus den Kartoffeln kleine Rösti formen, nebeneinander in die Pfanne setzen, leicht flach drücken, auf beiden Seiten jeweils ca. 3 Minuten braten. Rösti auf das Backblech legen, im vorgeheizten Backofen in ca. 12 Minuten fertig backen.

Pro Portion 164 kcal, 4 g E, 3 g F, 30 g KH, 0 mg Chol

Gemüse- und Kartoffelgerichte – One-Pot-Rezepte

Orientalische Rote-Bete-Kartoffel-Pfanne

Für 2 Portionen

1 EL	Olivenöl
400 g	Rote Bete, kleine Würfel
½ TL	Koriandersamen, zerstoßen
½ TL	Kumin, zerstoßen
1 Prise	Muskatnuss, frisch gerieben
400 ml	Gemüsebrühe (Gemüsesuppe)
300 g	festkochende Kartoffeln, kleine Spalten
1 TL	frischer Ingwer, fein gehackt
¼ Stk.	Bio-Zitrone, Schale abgerieben

1. In einer großen beschichteten Pfanne das Öl erhitzen. Rote Bete, Koriander, Kumin und Muskat dazugeben, kurz unter Rühren anbraten. Mit der Gemüsebrühe aufgießen, zum Kochen bringen.
2. Einen gut schließenden Deckel auf die Pfanne geben. Rote Bete 4 Minuten kochen lassen.
3. Kartoffeln, Ingwer und Zitronenschale untermischen. Rote Bete und Kartoffeln weitere ca. 12 Minuten bei starker Hitze zugedeckt kochen lassen. Bei Bedarf noch Gemüsebrühe dazugeben, aber bitte beachten, dass die gesamte Flüssigkeit verdampft sein sollte, sobald Rote Bete und Kartoffeln weich sind.

Pro Portion 251 kcal, 7 g E, 5 g F, 42 g KH, 0 mg Chol

Rote Bete-Kartoffelpfanne mit Fenchel-Orangen-Endivien-Topping mit Granatapfel

Mehr aus einer Pfanne

Dieses Grundrezept lädt zu Variationen ein: Statt Rote Bete können Kohlrabi verwendet werden. Diese sind allerdings schneller gar und werden darum gleichzeitig mit den Kartoffeln in die Pfanne gegeben. Das Gleiche gilt für weiße Rüben.

Fenchel-Orangen-Endivien-Topping
mit Granatapfel

Für 2 Portionen

½ Stk.	Fenchel, sehr kleine Würfel
½ Stk.	Orange, sehr kleine Stücke
6 Stk.	Endiviensalatblätter
¼ Stk.	Granatapfel, Samen ausgelöst
150 ml	Orangensaft
1 EL	Zitronensaft
	Salz
	Pfeffer

1. Fenchel, Orange, Endiviensalat, Granatapfelkerne, Orangen- und Zitronensaft vermischen.
2. Topping mit Salz und Pfeffer abschmecken.

Pro Portion 47 kcal, 0 g F, 2 g E, 8 g KH, 0 mg Chol

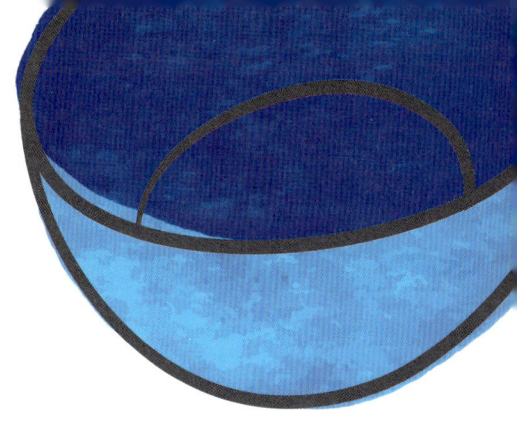

Süßes ohne Zucker

Süßes ohne Zucker

Mango-Vanille-Kokos-Creme *mit Beeren*

Für 2 Portionen

300 ml	Soja-, Hafer- oder Mandeldrink, ungesüßt
30 g	Kartoffelstärke
100 ml	Kokosmilch
30 g	getrocknete Datteln, gehackt
1 TL	frischer Ingwer, fein gehackt
½ Stk.	Bio-Zitrone, Schale abgerieben
½ TL	Bourbonvanille, gemahlen
5 Stk.	Kardamomkapseln, Samen zerstoßen
1 Stk.	reife Mango, kleine Stücke
100 g	Erdbeeren, kleine Stücke
100 g	Heidelbeeren

1. 3 EL Sojadrink und Kartoffelstärke glatt rühren.
2. Restlichen Sojadrink, Kokosmilch mit Datteln, Ingwer Zitronenschale, Vanille und Kardamom zum Kochen bringen. Mango dazugeben, kurz unter Rühren köcheln lassen. Alles mit dem Mixstab fein pürieren.
3. Aufgelöste Kartoffelstärke untermischen, unter Rühren 1 Minute köcheln lassen, bis die Creme bindet.
4. Die Mango-Vanille-Kokos-Creme portionsweise mit Erdbeeren und Heidelbeeren anrichten.

Pro Portion 308 kcal, 9 g E, 13 g F, 14 g KH, 0 mg Chol

Süße Abwechslung

Bereiten Sie diese Creme im Sommer auch mit reifen, aromatischen Pfirsichen und Aprikosen zu. Im Winter schmeckt diese cremige Süßspeise auch mit tiefgekühlten Erdbeeren und Himbeeren. Denken Sie bitte daran, wenn Sie die Creme nicht als Hauptspeisen-Bowl servieren, sondern als Dessert, reicht das Rezept für 4 Portionen mit je 154 Kalorien!

Süßes ohne Zucker

Sommerfrüchte-Bowl *mit Nuss*

Für 2 Portionen

150 g	Pfirsiche, kleine Stücke
150 g	Aprikosen (Marillen), kleine Stücke
200 g	Melonen, kleine Stücke
200 g	Beeren (Him-, Erd-, Heidel- oder Brombeeren)
2 Stk.	Orangen, ausgepresst
30 g	Rosinen, gehackt
20 g	geröstete Haselnüsse, gehackt

1. Pfirsiche, Aprikosen, Melonen und Beeren mit Orangensaft und Rosinen vermischen.
2. Portionsweise anrichten, mit Haselnüssen bestreuen.

Pro Portion 301 kcal, 5 g E, 7 g F, 50 g KH, 0 mg Chol

Saisonbedingt können Sie dieses Rezept nach Belieben variieren. Hier das Grundrezept für 2 Portionen:
600 g kleingeschnittene Früchte (alle außer Bananen) und Beeren mit 250 ml Orangensaft und 30 g gehackten Trockenfrüchten vermischen. Mit 20 g gehackten Nüssen bestreuen.
Eine prima Kombination für den Winter: Ananas, Mango, Orange, getrocknete Cranberrys, Mandarinensaft und Cashewnüsse.

Fruchtig durch das ganze Jahr!

Süßes ohne Zucker

Gebratene Bananen *mit Erdbeersauce*

Für 2 Portionen

4 Stk.	Bananen (400 g Fruchtfleisch)
1 TL	Öl
	Saft von 1 Orange
200 g	(TK-)Erdbeeren, Stücke
1 TL	Bio-Orangenschale, fein gehackt
¼ TL	Bourbonvanille, gemahlen
1 TL	Cashewnüsse, gehackt

1. Bananen längs halbieren, in große Stücke schneiden.
2. Öl in einer beschichteten Pfanne erhitzen, Bananen darin kurz auf beiden Seiten anbraten, portionsweise in Schüsseln anrichten.
3. Orangensaft, Erdbeeren, Orangenschale und Vanille in die Pfanne geben, kurz erhitzen und alles mit dem Mixstab fein pürieren.
4. Bananen mit der Erdbeersauce übergießen, mit Cashewnüssen bestreuen.

Pro Portion 285 kcal, 4 g E, 4 g F, 54 g KH, 0 mg Chol

Reifes Obst muss nicht perfekt aussehen, um optimal zu schmecken!

SÜSSES NEU ENTDECKEN

Die Lust auf Süßes lässt sich auch beim Heilsamen Basenfasten stillen und das ganz ohne Zucker. Trotzdem kommt der Genuss nicht zu kurz. Ob Mandarinen-Bananen-Creme (S. 120) oder Melonen-Heidelbeer-Salat mit Minze (S. 118) – alle Rezepte sind mit Früchten, Beeren und Trockenfrüchten zubereitet. Sie alle verwöhnen uns mit ihrem weiten, einzigartigen Aromenspektrum. Eine reife Aprikose ist nicht nur süß, sondern schmeckt unnachahmlich „aprikosig", der Apfel „apfelig" und ein saftiger Pfirsich umwerfend „pfirsichlich". Ananas aus dem Päckchen mit heißer Himbeer-Schokosauce – auch das ein überzeugendes, da geschmackvolles Argument, um auch nach dem Heilsamen Basenfasten einen Neustart in der süßen Küche zu wagen.

DEN NATÜRLICHEN SÜSSGESCHMACK WIEDERENTDECKEN – SO BLEIBEN SIE SCHLANK

Fruchtige Süßspeisen befreit vom Zucker sind wie eine Erholungskur für unsere Geschmacksnerven. Fällt der alles zukleisternde Zucker erst einmal weg, können feine, natürliche Aromen wieder wahrgenommen werden, die wichtigste Voraussetzung für unbeschwerten Genuss. Langfristig funktioniert die Änderung der Essgewohnheiten nur, wenn wir Lust auf den natürlichen fruchtig-süßen Geschmack bekommen. Lassen Sie sich nicht entmutigen. Hat jemand über längere Zeit hauptsächlich stark Zuckersüßes konsumiert, meist aus industrieller Produktion und kombiniert mit künstlichen Aromastoffen, dauert es einige Zeit, bis diese natürlichen Speisen, die auch mit minimal Fett zubereitet werden, wieder schmecken. Denn auch unser Geschmacksempfinden ist ein „Gewohnheitstier". Je öfter jedoch die neuen Süßspeisen gegessen werden, um so lieber haben wir sie, und nach einiger Zeit werden die meisten Industrieprodukte als unerträglich, da künstlich süß empfunden – die beste Vorbeugung gegen den Jo-Jo-Effekt.

FRUCHTIGE BASEN-BOWLS FÜR DIE FASTENWOCHE

In meinen Wochenplänen habe ich nur einmal pro Woche ein süßes Hauptgericht vorgesehen. Der Grund dafür: Früchte und Beeren haben pro 100 g zwar immer noch wenig, aber trotzdem etwas mehr Kalorien als Gemüse, Karotten haben z.B. 23 kcal, Tomaten 19 kcal und Brokkoli 26 kcal. Sie sind also federleicht. Darum fallen die Fastenportionen mit Gemüse auch so groß aus. Wohingegen bei den fruchtigen Süßspeisen etwas weniger auf den Teller kommt, da Äpfel z.B. 54 kcal, Orangen 41 kcal und Himbeeren 33 kcal haben. Probieren Sie aus, ob Sie mit den etwas kleineren süßen Portionen zufrieden sind, dann können Sie diese öfters in Ihren Basenfasten-Plan einbauen. Wenn Sie trotzdem hungrig werden, einfach zwischendurch rohes Gemüse knabbern! Wie gerade beschrieben, fällt dieses kalorienmäßig nicht ins Gewicht und gefährdet darum auch nicht den Abnehmerfolg.

Das Heilsame Basenfasten ist eine gute Gelegenheit, mit dieser Umgewöhnungskur für die Geschmacksnerven zu beginnen, darum habe ich für meine Rezepte auch keinen Birkenzucker, Stevia oder sonstigen Zuckerersatz verwendet, denn diese können die Fixierung auf stark Gesüßtes festigen.

LEICHTE DESSERTS OHNE ZUCKER

Eine gute Nachricht: Die Nährwertangaben für die Süßspeisen gelten für große Bowls-Portionen. Wenn Sie die Süßspeisen jedoch nach dem Fasten als Dessert servieren, reichen die Rezepte für 4 Portionen mit je 150 Kalorien.

TROCKENFRÜCHTE MIT KONZENTRIERTER BASENPOWER

Werden Früchte und Beeren getrocknet, intensiviert sich der Frucht- und Süßgeschmack, und sie eignen sich vorzüglich zum Verfeinern von Cremes und Saucen.

Rosinen, getrocknete Cranberrys, Datteln, Pflaumen, Mangos und Feigen sind jedoch mehr als eine kulinarische Bereicherung. Durch den Flüssigkeitsverlust bei der Wärmebehandlung konzentriert sich auch der Gehalt an basenbildenden Mineralstoffen, sodass schon kleine Mengen an Trockenfrüchten zum Säure-Basen-Gleichgewicht beitragen.

Zimt, Vanille und Kardamom verstärken ganz natürlich den Süßgeschmack, bringen aber keine zusätzlichen Kalorien.

IN DER SÄURE-BASEN-BALANCE BLEIBEN

Lassen Sie nach dem Heilsamen Basenfasten weiterhin Gemüse, Früchte, Kräuter und Kartoffeln eine Hauptrolle auf Ihrem Speiseplan spielen. Dazu werden jetzt wieder mehr Vollkorngetreideprodukte und Hülsenfrüchte gegessen, sie sind unverzichtbar für eine dauerhafte gesunde Ernährung. Wenn Sie Appetit darauf haben, genießen Sie dazu auch Milchprodukte, Eier, Fisch und Fleisch. Trotzdem kann der Säure-Basen-Haushalt im Gleichgewicht bleiben. Sie müssen nur basen- und säurebildende Nahrungsmittel richtig kombinieren. Zum Linseneintopf immer einen üppigen Salat essen und zum Steak eine Ofenkartoffel und Gemüse; als Vorspeise Gemüsesuppen bevorzugen und als Dessert Fruchtsalate; am Abend Karotten, Kohlrabi und Gurkensticks knabbern und zwischendurch getrocknete Aprikosen und Datteln naschen.

DIE SÄURE-BASEN-BILANZ EINES ESSENS LÄSST SICH LEICHT BERECHNEN

Die genauen Mengenverhältnisse, um bei einem Essen oder über den ganzen Tag in die Säure-Basen-Balance zu kommen, können Sie mit dem Säure-Basen-Rechner feststellen. Sie finden dieses praktische Tool und eine Nahrungsmitteltabelle im Internet unter:
www.saeure-basen-forum.de

Süßes ohne Zucker

Melonen-Heidelbeer-Salat *mit Minze*

Für 2 Portionen

100 ml	Orangensaft
1 TL	Limetten- oder Zitronensaft
3 Stk.	Kardamomkapseln, Samen zerstoßen
500 g	rote, orange und grüne Melonen, kleine Stücke
100 g	Brombeeren
50 g	Johannisbeeren

1. Orangen-, Limettensaft und Kardamom verrühren.
2. Melonen mit dem Dressing vermischen und etwas durchziehen lassen.
3. Kurz vor dem Servieren die Brombeeren untermischen, mit Johannisbeeren garnieren.

Pro Portion 153 kcal, 3 g E, 4 g F, 32 g KH, 0 mg Chol

Melonen-Heidelbeer-Salat mit Minze und Seidentofu-Aprikosen-Topping

Seidentofu-Aprikosen-Topping

Für 2 Portionen

50 g	getrocknete Softaprikosen, fein gehackt
1 EL	Orangensaft
½ TL	Bio-Orangenschale, fein gehackt
1 TL	Zitronensaft
¼ TL	Zimt, gemahlen
150 g	Seidentofu

1. Softaprikosen, Orangensaft, Orangenschale, Zitronensaft und Zimt vermischen, etwas durchziehen lassen.
2. Seidentofu mit dem Aprikosendressing auf Fruchtsalate und gebratene Früchte geben.

Pro Portion 147 kcal, 10 g E, 4 g F, 16 g KH, 0 mg Chol

Am besten eisgekühlt!

Der zart cremige Seidentofu hat die Konsistenz von Pudding, harmoniert mit fruchtigen Süßspeisen, schmeckt aber auch als Topping für pikante Salate. Seidentofu ist ein klassisches japanisches Produkt und wird dort im Sommer gerne eisgekühlt gegessen.

Süßes ohne Zucker

Mandarinen-Bananen-Creme

Für 2 Portionen

120 g	kleine Bio-Mandarinen
2 Stk.	reife Bananen, kleine Stücke
30 g	getrocknete Softaprikosen, kleine Stücke

Fruchtig-süß und zart-bitter!

1. Wasser in einem kleinen Topf zum Kochen bringen. Die ganzen, ungeschälten Mandarinen darin 30 Minuten kochen lassen.
2. Mandarinen abgießen, abtropfen lassen. Die Schale von einer Mandarine entfernen, Fruchtfleisch in Stücke schneiden, Kerne entfernen.
3. Die restlichen Mandarinen mit der Schale in Stücke schneiden, Kerne entfernen.
4. Mit dem Mixstab Mandarinen, Bananen und Softaprikosen zu einer glatten Creme pürieren.

Pro Portion 200 kcal, 3 g E, 1 g F, 43 g KH, 0 mg Chol

Mandarinen-Bananen-Creme mit Trauben-Himbeer-Mandel-Topping

Trauben-Himbeer-Mandel-Topping

Für 2 Portionen

200 g	Muskateller Trauben
200 g	(TK-)Himbeeren
1 TL	geröstete Haselnüsse, gehackt

1. Große Trauben halbieren.
2. Trauben, Himbeeren und Mandeln vermischen.

Pro Portion 133 kcal, 3 g E, 3 g F, 21 g KH, 0 mg Chol

Gefrorene Himbeeren haben immer Saison und bringen Farbe und Aroma in die Früchtebowl. Ihr großer Vorteil: Sie behalten auch nach dem Auftauen ihre Form.

Die Beere, die aus der Kälte kam

Süßes ohne Zucker

Die 100 % Fruchtcreme!

Süßes ohne Zucker

Zimt-Karotten *aus dem Ofen*

Für 2 Portionen

600 g	Karotten, längs halbiert
1 EL	Öl
¼ TL	Zimt, gemahlen
1 EL	Haselnüsse, gehackt

1. Backofen auf 200 ° C (Umluft 180 ° C) vorheizen.
2. Backblech mit Backpapier belegen, Karotten nebeneinander darauf legen, mit Öl bestreichen, mit Zimt würzen und im vorgeheizten Ofen ca. 20 Minuten braten, nach 10 Minuten einmal umdrehen.
3. Einige Minuten bevor die Karotten aus dem Ofen kommen, diese mit Haselnüssen bestreuen.

Pro Portion 154 kcal, 4 g E, 9 g F, 15 g KH, 0 mg Chol

Zimt-Karotten aus dem Ofen mit Apfel-Ingwer-Sauce

Apfel-Ingwer-Sauce

Für 2 Portionen

3 Stk.	saftige Äpfel (450 g)
1 TL	frischer Ingwer, gehackt
1 Stk.	Orange, ausgepresst
1 TL	Zitronensaft

1. Äpfel halbieren, Kerngehäuse entfernen.
2. Äpfel nebeneinander zu den Karotten auf das Backblech setzen und im vorgeheizten Ofen bei 200 ° C (Umluft 180 ° C) ca. 20 Minuten braten.
3. Haut abziehen, Fruchtfleisch in Stücke schneiden.
4. Äpfel, Ingwer, Orangen- und Zitronensaft mit dem Mixstab zu einer glatten Sauce pürieren.

Pro Portion 144 kcal, 1 g E, 1 g F, 31 g KH, 0 mg Chol

Süßes ohne Zucker

Knusprige Süßkartoffel-Wedges
mit indischer Pflaumensauce

Für 2 Portionen

300 g	Süßkartoffeln, kleine Spalten
	Salz
2 Stk.	Pflaumen, kleine Spalten

Für die Sauce

300 g	reife Pflaumen, halbiert
1 Stk.	Orange, ausgepresst
2 Stk.	Softpflaumen, kleine Stücke
½ TL	Zimt, gemahlen
3 Stk.	Kardamomkapseln, Samen zerstoßen
1 TL	frischer Ingwer, gehackt
1 TL	Zitronensaft

1. Backofen auf 200 °C (Umluft 180 °C) vorheizen. Backblech mit Backpapier belegen.
2. Süßkartoffeln nebeneinander auf das Blech legen, leicht salzen, im vorgeheizten Ofen ca. 20 Minuten braten.
3. Die Pflaumen nebeneinander (Schnittfläche nach oben) 10 Minuten vor dem Ende der Garzeit zu den Süßkartoffeln auf das Blech setzen und im Ofen mitgaren.
4. Pflaumen, Orangensaft, Softpflaumen, Zimt, Kardamom, Ingwer und Zitronensaft mit dem Mixstab zu einer glatten Sauce pürieren.
5. Süßkartoffelwedges portionsweise anrichten, mit Pflaumenspalten garnieren, mit der Pflaumensauce übergießen.

Pro Portion 280 kcal, 4 g E, 2g F, 62 g KH, 0 mg Chol

Süßes ohne Zucker

Gratinierte Mandelpfirsiche und Feigen

Für 2 Portionen

400 g	Pfirsiche, halbiert
100 g	Feigen, halbiert
20 g	Mandeln, gehackt
1 TL	Öl
¼ TL	Zimt, gemahlen

1. Backofen auf 200 ° C (Umluft 180 ° C) vorheizen. Backblech mit Backpapier belegen.
2. Pfirsich- und Feigenhälften (Schnittfläche nach oben) nebeneinander auf das Backblech setzen.
3. Mandeln mit Öl und Zimt verrühren, die Pfirsiche mit der Mischung füllen.
4. Pfirsiche und Feigen im vorgeheizten Ofen ca. 15 Minuten überbacken.

Pro Portion 192 kcal, 4 g E, 8 g F, 25 g KH, 0 mg Chol

Gratinierte Nusspfirsiche mit heißer Himbeer-Schoko-Sauce

Heiße Himbeer-Schoko-Sauce

Für 2 Portionen

200 g	(TK-)Himbeeren
100 ml	Kokoswasser
20 g	Rosinen, gehackt
1 TL	Kakaopulver, ungesüßt
¼ TL	Bourbonvanille, gemahlen

1. Alle Zutaten in eine kleine ofenfeste Form geben und 7 Minuten zu den Früchten in den Backofen 200 °C (Umluft 180 °C) stellen.
2. Himbeeren, Kokoswasser, Rosinen, Kakaopulver und Vanille mit dem Mixstab fein pürieren.

Pro Portion 89 kcal, 2 g E, 1 g F, 17 g KH, 0 mg Chol

Früchte vom Blech

Für 2 Portionen

1 Stk.	Nektarine, Viertel
1 Stk.	Birne, Viertel
1 Stk.	Feige, halbiert
200 g	Aprikosen, halbiert
1 TL	Cashewnüsse, gehackt

1. Backofen auf 200 ° C (Umluft 180 ° C) vorheizen. Backblech mit Backpapier belegen.
2. Nektarinen, Birne, Feigen und Aprikosen (Schnittfläche nach oben) nebeneinander darauf legen, im vorgeheizten Ofen ca. 15 Minuten braten.
3. Einige Minuten bevor die Früchte aus dem Ofen kommen, diese mit Cashewnüssen bestreuen.

Pro Portion 182 kcal, 3 g E, 3 g F, 36 g KH, 0 mg Chol

Früchte vom Blech mit Erbeer-Basilikum-Topping oder heißer Schoko-Himbeer-Sauce (siehe Seite 124)

Durch das Braten im Ofen entweicht das Wasser aus den Früchten, und ihr Aroma und die natürliche Süße verdichten sich. Kombinieren Sie die Früchte ganz nach dem saisonalen und regionalen Angebot, das Grundrezept für 2 Portionen: 600 g Früchte (außer Bananen) und 1 EL gehackte Nüsse.

Mehr Fruchtaroma durch Hitze

Rosarotes Erdbeer-Basilikum-Topping

Für 2 Portionen

100 g	Tofu natur, kleine Stücke
200 g	(TK-)Erdbeeren, kleine Stücke
100 ml	Orangensaft, frisch gepresst
1 EL	Rosinen, gehackt
1 EL	Basilikum, fein geschnitten

1. Tofu, Erdbeeren, Orangensaft und Rosinen im Mixglas oder mit dem Mixstab zu einer glatten Sauce pürieren.
2. Basilikum unterrühren.

Pro Portion 107 kcal, 7 g E, 7 g F, 12 g KH, 0 mg Chol

Süßes ohne Zucker

Ananas aus dem Päckchen

Für 2 Portionen

500 g	Ananas, dünne Scheiben
¼ TL	Zimt, gemahlen
¼ TL	Bourbonvanille, gemahlen
	Bratfolie
1 TL	geröstete Nüsse, gehackt

1. Backofen auf 200 °C (Umluft 180 °C) vorheizen.
2. Ananas mit Zimt und Vanille würzen, portionsweise in Bratfolie verschließen und im vorgeheizten Ofen 15 Minuten braten.
3. Mit Nüssen bestreuen.

Pro Portion 175 kcal, 2 g E, 2 g F, 34 g KH, 0 mg Chol

300 KALORIEN BOWL

**Ananas aus dem Päckchen
und Himbeer-Schoko-Sauce (siehe Seite 124)
oder Erdbeer-Basilikum-Topping (siehe Seite 126)**

Schmeckt auch nach dem Fasten!

Genießen Sie die fruchtig süßen Speisen auch nach dem Fasten und schlagen Sie damit dem Jo-Jo-Effekt ein Schnippchen. Auch für die Kinder sind die zuckerfreien Süßspeisen ein Gewinn, denn lebenslange Geschmacksvorlieben werden bereits in den ersten Jahren geprägt.

Rezeptregister

A
Alles-Sommer-Suppe mit Zucchini, grünen Bohnen, Tomaten 58
Ananas aus dem Päckchen 127
Angenehm cremige Apfel-Hafer-Suppe 26
Apfel-Ingwer-Sauce 122
Apfel-Trauben-Salsa 96
Aprikosen-Karotten-Topping 82
Asia-Herbstsuppe mit Kürbis und Sprossen 70
Asia-Sprossen-Salat mit Gurken, Karotten und Radieschen 42
Avocado-Ananas-Smoothie mit Kokoswasser 28

B
Basenfasten-Salat – das Grundrezept 36
Basilikum-Cashew-Dip 58
Birnen-Spinat-Topping 101
Blumenkohl im Kartoffelbett 89
Blumenkohl-Kürbis-Suppe mit Vanille 77
Blumenkohlsalat mit Pilzen 40
Bratkohlrabi und Kartoffelpüree aus dem Römertopf 96
Brokkoli, Karotten und Lauch mit Basilikum 106
Brokkoli-Lauch-Petersilien-Suppe mit Nuss 68
Brokkoli-Topinambur-Suppe 76

C
Champignon-Zucchini-Topping mit Basilikum 93
Chia-Zitronen-Wasser 30
Cremige Pilz-Kartoffeln 104
Cremiges Senfdressing mit Schnittlauch 37

F
Feldsalat mit Kohlrabi- und Kartoffel-Croûtons und Orangen-Dressing 46
Fenchel-Karotten-Orangen-Salat mit Avocado 41
Fenchel-Orangen-Endivien-Topping mit Granatapfel 108
Früchte vom Blech 126
Frühlingssuppe mit Spargel und Spinat 66

G
Gazpacho-Topping 106
Gebratene Bananen mit Erdbeersauce 115
Gebratene Karotten mit Paprikasauce 102
Gemüsepäckchen mit Kartoffeln 92
Gratinierte Mandelpfirsiche und Feigen 124
Grits mit Nektarine und Erdbeersauce 24
Grüner Smoothie mit Spinat, Banane, Avocado und Birne 31
Grüner Spargel aus dem Päckchen 82
Guacamole mit Gemüsesticks 50
Gumbo – kreolischer Schmortopf 98

H
Heiße Himbeer-Schoko-Sauce 124
Hirsespeise mit Himbeeren, Pfirsich und Zitronenmelisse 27

K
Karotten-Kartoffel-Suppe mit Röstaromen 65
Karotten-Tomaten-Pastinaken-Suppe 61
Karotten-Zitronen-Dip 74
Kartoffel-Endivien-Salat mit Brokkoli 44
Kartoffel-Feldsalat mit Gurken 45
Kartoffelrösti 107
Kartoffelsalat 44
Kartoffelsalat mit Tomaten-Karotten-Pastinaken-Salsa 45
Kerbel-Karotten-Topping 95
Knusperkartoffeln 34
Knusprige Süßkartoffel-Wedges mit indischer Pflaumensauce 123
Kohlrabi, Spinat und Sprossen mit Asia-Sauce und Sesam 107
Kohlrabisuppe mit Steinpilzen 60
Kokoswürzige Selleriesuppe 72
Kürbis-Croûtons 78
Kürbis mit fruchtiger Tomatensauce 86

M
Mandarinen-Bananen-Creme 120
Mango-Karotten-Müsli-Smoothie 30
Mango-Vanille-Kokos-Creme mit Beeren 112
Melonen-Heidelbeer-Salat mit Minze 118
Melonen-Tomaten-Müsli-Smoothie 28
Misosuppe mit Karotten, Rettich, Lauch und Tofu 79
Müsli mit Erdmandeln, Sharonfrucht und Banane 23
Müsli mit Pfirsich, Melonen und Leinsamen 23
Müsli mit Quinoa-Popps, Kirschen und Aprikosen 22

Rezeptregister

N
Nuss-Kräuter-Dressing 37

O
Ofenkartoffeln 102
Ofenkürbis mit Melonen-Gurken-Salsa 48
Orientalische Rote-Bete-Kartoffel-Pfanne 108
Overnight-Oats mit Chia, Birne und Trauben 22
Overnight-Oats mit Frucht und Nuss 18

P
Paprika-Croûtons 70
Paprika-Fenchel-Suppe 64
Pilz-Frühlingszwiebel-Suppe mit Basilikum 73
Pilztopf mit Paprika und Fenchel 88
Pilz-Topping 68
Pommes vom Fett befreit 42
Porridge mit Ananas, Granatapfel und Datteln 24
Porridge mit Nektarinen und Pflaumen 26
Provençalischer Tomaten-Dip 64

R
Radieschen-Rucola-Topping 104
Räuchertofu-Topping mit Sesam 60
Reis-Porridge mit Kokos, Melonen und Feigen 27
Rettich-Sprossen-Topping 100
Rosarotes Erdbeer-Basilikum-Topping 126
Rote-Bete-Radicchio-Sprossen-Topping 89
Rote-Bete-Suppe mit Cranberrys 74

S
Salat mit Fenchel und Heidelbeeren 53
Salat mit Tomaten, Paprika, Pilzen, Kartoffeln und Gurken-Kapern-Dressing 54
Seidentofu-Aprikosen-Topping 118
Sellerie-Karotten-Salat mit Apfeldressing 52
Smoothie-Bowl mit Birnen und Orangen 16
Smoothie-Bowl mit Mango, Mandarinen, Datteln und Granatapfel 17
Smoothie-Bowl mit Melonen und Beeren 16
Smoothie-Bowl mit Trauben, Erd- und Heidelbeeren 14
Smoothie-Bowl mit zweierlei Aprikosen und Himbeeren 14
Sommerfrüchte-Bowl mit Nuss 114
Spanischer Schmortopf mit grünen Bohnen und Tomaten 97
Spargel mit Kräuter-Nuss-Sauce und Kartoffel-Sellerie-Püree 94
Spinat-Blumenkohl-Kartoffel-Curry mit Kokosmilch 90
Spinatsalat mit Spargel und Tomaten-Dressing 34
Sprossen-Topping 73

T
Tomaten-Mango-Salsa 50
Tomaten-Minze-Topping mit Chia 76
Tomatensauce mit Röstknoblauch 92
Tomaten-Sellerie-Topping 103
Trauben-Himbeer-Mandel-Topping 120

W
Wirsing-Topinambur-Suppe 78
Würziger Miso-Tofu 48
Würziger Wirsingtopf 100
Würzige Süßkartoffeln aus dem Ofen 93

Z
Zimt-Karotten aus dem Ofen 122
Zucchini-Minze-Topping 86
Zwei-Rüben-Salat mit Sharonfrucht 52

Weitere Bücher zum Thema Genießen – Abnehmen – Wohlfühlen ...

Gut essen, satt werden und dabei den Körper entschlacken, den Säure-Basen-Haushalt harmonisch ausgleichen, abnehmen und sich wohlfühlen – so funktioniert und wirkt das Basenfasten von Bestsellerautorin Elisabeth Fischer. Sie zeigt, wie wichtig es für unsere Gesundheit ist, auf eine ausgeglichene Säure-Basen-Balance zu achten.
Eine bewusste Auswahl pflanzlicher Lebensmittel gleicht eine latente Übersäuerung aus und steigert die Fettverbrennung. Viele Gerichte – pfiffig, raffiniert, überraschend einfach gekocht – wecken den Appetit auf eine dauerhafte Änderung der Essgewohnheiten, verhindern den Jo-Jo-Effekt – und sorgen binnen einer Woche für zwei bis vier Kilo weniger auf der Waage.

Elisabeth Fischer
Heilsames Basenfasten
120 Rezepte für Einsteiger
132 Seiten, farbig, Klappenbroschur
ISBN 978-3-7088-0696-9
EUR 14,90

Ein weiterer Bestseller von Elisabeth Fischer erscheint nun als Sonderausgabe, diesmal speziell für Berufstätige. Im Alltag bleibt nämlich wenig Zeit zum Einkaufen und Kochen. Wie man das Säure-Basen-Gleichgewicht im Körper trotzdem wiederherstellen und dabei sogar abnehmen kann, zeigt dieses Buch. Die erprobten Rezepte sind aus gängigen Zutaten schnell und einfach zubereitet. Die pfiffigen Gerichte lassen sich vielseitig kombinieren und sind zum Vorkochen, Einpacken und Aufwärmen geeignet. Und: Sie schmecken gut!

Elisabeth Fischer
Heilsames Basenfasten im Job
120 Genussrezepte zum Abnehmen
Mit Wochenplänen und Einkaufslisten
132 Seiten, farbig, Klappenbroschur
ISBN 978-3-7088-0669-3
EUR 14,99

... von Elisabeth Fischer im Kneipp-Verlag

Will man mit veganem Essen abnehmen, reicht der reine Verzicht auf Fleisch, Fisch, Milchprodukte und Eier nicht aus. Denn das ungeliebte „Hüftgold" steckt vor allem in Zucker, Fett und ausgemahlenem Getreide, allen voran Weizen.

Elisabeth Fischer zeigt in ihrem Kochbuch, wie veganes Fasten gelingen kann, wie man mit Genuss abnimmt, dabei sogar satt wird und neue Energie gewinnt. Ihre erprobten Rezepte sind nicht nur kalorienarm, cholesterinfrei und natürlich vegan, sondern auch basenbildend. Und genau diese Basen sind es, die beim Abnehmen helfen, denn sie neutralisieren die Säuren, die der Körper beim Fettabbau freisetzt. Beim veganen Fasten entdeckt man neue Gaumenfreuden.

Elisabeth Fischer
Vegan fasten
Das 14-Tage-Abnehmprogramm
mit 120 genussvollen Basenrezepten
132 Seiten, farbig, Hardcover
ISBN 978-3-7088-0617-4
EUR 17,99

Zwei Erfolgskonzepte in einem Buch vereint: die 5:2-Diät und Vegan fasten. Mit dieser starken Kombination nimmt man garantiert ab und hält das Gewicht dauerhaft. Weitere positive Wirkung: Fünf Tage vollwertig vegan genießen und zwei Tage basisch vegan fasten aktiviert Anti-Aging-Prozesse im Organismus und fördert die Gesundheit nachhaltig!

Vegan 5:2 ist die langfristige Lösung für alle, die mit ihrem Gewicht unzufrieden sind. Dieses Programm lässt sich gut mit dem Alltag vereinbaren und erfordert keinen anstrengenden Verzicht. Zwei Vegan-fasten-Tage kann jeder durchhalten, auch weil Elisabeth Fischer dafür neue basische Fastenrezepte entwickelt hat.

Elisabeth Fischer
Vegan 5:2
5 Tage vegan genießen – 2 Tage vegan fasten
Gesund abnehmen ohne Verzicht
132 Seiten, farbig, Hardcover
ISBN 978-3-7088-0668-6
EUR 17,99